# L'hystérie ou l'enfance magnifique

**Du même auteur**

« Métaphore et Phallus », contribution à *Démasquer le réel,* S. Leclaire (dir.), Le Seuil, 1971.

*L'Inconscient à venir,* Bourgois, 1980.

(dir.), *Aux limites du transfert,* Rochevignes, 1985.

(dir.), *Le Silence en psychanalyse,* Rivages, 1987.

*Les Yeux de Laure. Le concept d'objet* a *dans la théorie de Jacques Lacan,* Aubier, 1987.

*L'Enfant du miroir* (en collaboration avec Françoise Dolto), Rivages, 1987 ; rééd. « Petite Bibliothèque Payot », 1992.

*Cinq leçons sur la théorie de Jacques Lacan,* 1992 ; rééd. « Petite Bibliothèque Payot », 1994.

*Enseignement de 7 concepts cruciaux de la psychanalyse,* Rivages, 1988 ; rééd. « Petite Bibliothèque Payot », 1992.

*L'Inconscient à venir,* Rivages, 1993.

(dir.), *Introduction aux œuvres de Freud, Ferenczi, Groddeck, Klein, Winnicott, Dolto, Lacan,* Rivages, 1994.

Petite Bibliothèque Payot / 263

J.-D. Nasio

# L'hystérie

ou l'enfant magnifique
de la psychanalyse

*A la mémoire de mon père,*
*médecin. Ses travaux de*
*clinicien et de chercheur*
*ont été traversés par le désir*
*de comprendre l'énigme du corps*
*qui sait dire la vérité*
*de ce que nous sommes.*

*Ouverture*

*

*Le visage de l'hystérie en analyse*

*

*Les causes de l'hystérie*

*

*La vie sexuelle de l'hystérique*

*

*Les fantasmes hystériques*

*

*L'utérus dans l'hystérie : un fantasme fondamental*

*

*La différence entre les fantasmes hystérique, obsessionnel et phobique*

*

*Portraits imaginaires de l'hystérique*

*

*Le traitement psychanalytique de l'hystérie et la fin de l'analyse*

*

*Ponctuations*

*

*Questions et réponses sur l'hystérie*

*

*La cécité hystérique selon les théories de Charcot, Janet, Freud et Lacan*

*

*Extraits des œuvres de Freud et de Lacan sur l'hystérie*

*

*Choix bibliographique sur l'hystérie*

# *Ouverture*

« Où sont-elles passées les hystériques de jadis, ces femmes merveilleuses, les Anna O., les Dora... » [1], toutes ces femmes devenues les figures matricielles de notre psychanalyse ? C'est grâce à leur parole que Freud, en les écoutant, a découvert un mode entièrement nouveau de la relation humaine. Mais l'hystérie d'antan n'a pas seulement donné naissance à la psychanalyse, elle a surtout marqué d'un sceau indélébile la théorie et la pratique psychanalytiques d'aujourd'hui. La façon de penser des psychanalystes actuels et la technique qu'ils appliquent demeurent, au-delà des changements inévitables, une pensée et une technique intimement liées au traitement de la souffrance hystérique. La psychanalyse et l'hystérie restent si indissociables que la thérapeutique analytique est régie par un principe majeur : pour traiter et guérir l'hystérie, il faut créer artificiellement une autre hystérie. La cure analytique de toute névrose n'est en définitive que la mise en place artificielle d'une névrose hystérique et sa résolution finale. Si à la fin de l'analyse, cette nouvelle névrose artificielle, créée de toutes pièces entre le patient et son psychanalyste, est surmontée, nous serons alors parvenus à résoudre également la névrose initiale qui a motivé la cure.

Les hystériques d'antan ont donc vécu, et leur souffrance s'offre de nos jours sous d'autres visages, d'autres formes cliniques plus discrètes, moins spectaculaires peut-être que celle de l'ancienne Salpêtrière. L'hystérique de la fin du XIXe siècle et l'hystérique moderne vivent chacun à leur façon une souffrance différente, et pourtant l'explication que la psychanalyse avance pour rendre compte de la cause de ces souffrances n'a pas varié pour l'essentiel. La théorie psychanalytique s'est certes singulièrement transformée depuis ses débuts, mais sa conception sur l'origine de l'hystérie reste fondamentalement inchangée. Or, quelle est cette origine ? Quelle est la théorie freudienne de la causalité psychique de l'hystérie ? Ou plus simplement : comment devient-on hystérique ? Et si on le devient, comment en guérit-on ? Voilà les questions que nous ferons nôtres dans ce livre.

*

*   *

# LE VISAGE DE L'HYSTERIE EN ANALYSE

Avant d'engager une réponse à nos interrogations initiales, esquissons maintenant le visage clinique de l'hystérie moderne. Elle nous apparaît de deux manières distinctes selon le type de regard que nous lui portons. Nous pouvons, en effet, soit l'envisager d'un point de vue descriptif à partir des symptômes observables, et alors l'hystérie se présente comme une entité clinique définie ; soit l'envisager d'un point de vue relationnel, et concevoir alors l'hystérie comme un lien malade du névrosé avec autrui, et particulièrement dans le cas de la cure, avec cet autre qu'est le psychanalyste.

Si d'abord nous nous situons à la place d'un observateur extérieur, nous reconnaîtrons dans l'hystérie une névrose généralement latente qui éclôt le plus souvent lors d'événements marquants ou à des périodes critiques de la vie d'un sujet, comme par exemple à l'adolescence. Cette névrose se manifeste sous la forme de troubles divers et souvent passagers, dont les plus classiques sont des symptômes somatiques tels que les perturbations de la motricité (contractures musculaires, difficultés de la marche, paralysies des membres, paralysies faciales...) ; les troubles de la sensibilité (douleurs locales, migraines, anesthésies d'une région limitée du corps...) ; et les troubles sensoriels (cécité, surdité, aphonie...). Nous trouvons aussi un ensemble d'affections plus spécifiques allant des insomnies et des évanouissements bénins, aux altérations de la conscience, de la mémoire ou de l'intelligence (absences, amnésies, etc.), jusqu'à des états graves de pseudo-coma. Toutes ces manifestations dont l'hystérique souffre, et en particulier les symptômes somatiques, se caractérisent par un signe absolument distinctif : elles sont le plus souvent transitoires, ne résultent d'aucune cause organique, et, dans leur localisation corporelle, elles n'obéissent à aucune loi de l'anatomie ou de la physiologie du corps. Nous verrons plus loin comment toutes ces souffrances somatiques dépendent au contraire d'une autre anatomie, éminemment fantasmatique, qui agit à l'insu du patient.

Un autre trait clinique de l'hystérie, sur lequel nous reviendrons très souvent, concerne aussi le corps mais compris comme corps sexué. Le corps de l'hystérique souffre en effet de se diviser entre la partie génitale, étonnamment anesthésiée et frappée par de fortes inhibitions sexuelles (éjaculation précoce, frigidité, impuissance, dégoût sexuel...), et tout le reste non génital du corps qui, paradoxalement, apparaît très érotisé et soumis à des excitations sexuelles permanentes.

*

* *

Changeons maintenant de place et installons-nous au point de vue relationnel, celui qu'adopte le psychanalyste engagé dans le travail de l'écoute. Sa conception de l'hystérie s'est forgée non seulement à travers l'enseignement théorique des ouvrages de psychanalyse, mais surtout à partir de l'expérience du transfert avec l'analysant dit hystérique, et plus généralement, soulignons-le bien, avec l'ensemble de ses patients. Oui, avec l'ensemble de ses patients car tous les patients en analyse traversent inévitablement une phase d'hystérisation au moment où s'installe la névrose de transfert avec le psychanalyste. Justement, qu'avons-nous appris de nos patients sur l'hystérie ? Sans doute ce livre se veut une longue réponse à cette question. Mais, pour l'instant, restons-en à ceci : quel est le visage de l'hystérie en analyse ?

De notre place transférentielle, nous constatons trois états ou encore trois positions permanentes et durables du moi hystérique. Au-delà de la multiplicité des événements qui se succèdent au cours d'une cure et en deçà des paroles, affects et silences, nous reconnaissons en effet trois états propres au moi qui résument à eux seuls le visage spécifique de l'hystérie en analyse. Un premier état, pour ainsi dire passif, dans lequel le moi est constamment en attente de recevoir de l'Autre non pas la satisfaction qui comble, mais curieusement, la non-réponse qui frustre. Cette attente déçue, toujours difficile à gérer par le psychanalyste, aboutit à la perpétuelle insatisfaction et au mécontentement dont se plaint si souvent le névrosé. Premier état donc, celui d'un *moi insatisfait*. Une autre position, typiquement hystérique, repérable en analyse, est aussi un état du moi, mais l'état plutôt actif d'un moi qui hystérise, c'est-à-dire qui transforme la réalité concrète de l'espace analytique en une réalité fantasmatique à contenu sexuel. Nous préciserons bientôt en quoi consiste cette transformation et quel sens donner à ce qualificatif de « sexuel », mais nous pouvons d'ores et déjà affirmer que le moi hystérique érotise le lieu de la cure. Deuxième état donc, celui d'un *moi hystérisant*. Il existe encore une troisième position subjective de l'hystérique, caractérisée par la tristesse de son moi quand il doit affronter enfin la seule vérité de son être : ne pas savoir s'il est un homme ou une femme. Troisième état donc, celui d'un *moi tristesse*. Arrêtons-nous un instant sur chacun de ces états moïques.

## Un moi insatisfait

Pour la psychanalyse, l'hystérie n'est pas comme on le croit habituellement une maladie affectant un individu, mais l'état malade d'un rapport humain qui assujettit une personne à une autre. L'hystérie est avant tout le nom que nous donnons au lien et aux nœuds que le névrosé tisse dans sa relation avec autrui à partir de ses fantasmes. Formulons-le nettement : l'hystérique, comme tout sujet névrosé, est celui qui, à son insu, impose dans le lien affectif à l'autre la logique malade de son fantasme inconscient. Un fantasme dans lequel il joue le rôle d'une victime malheureuse et constamment insatisfaite. C'est précisément cet état fantasmatique d'insatisfaction qui marque et domine toute la vie du névrosé.

Mais pourquoi fantasmer et vivre l'insatisfaction alors qu'en principe c'est le bonheur et le plaisir que nous chercherions à atteindre ? La raison est claire : l'hystérique est fondamentalement un être de peur qui, pour atténuer son angoisse, n'a trouvé d'autre recours qu'entretenir sans cesse, dans ses fantasmes et dans sa vie, l'état pénible d'insatisfaction. Tant que je serai insatisfait, dirait-il, je resterai à l'abri du danger qui me guette. Mais de quel danger s'agit-il ? De quoi a peur l'hystérique ? Que redoute-t-il ? Il n'y a qu'un danger essentiel qui le menace, un péril absolu, pur, sans image ni figure, plutôt pressenti que défini, à savoir le danger de vivre la satisfaction d'une jouissance maximale. Une jouissance telle que, s'il la vivait, elle le ferait devenir fou, se dissoudre ou disparaître. Peu importe qu'il imagine cette jouissance maximale comme jouissance de l'inceste, souffrance de la mort ou douleur d'agonie ; et peu importe qu'il imagine les risques de ce danger sous la forme de la folie, de la dissolution ou de l'anéantissement de son être, le problème est d'éviter coûte que coûte toute expérience qui évoquerait de près ou de loin un état de pleine et absolue satisfaction. Cet état, au demeurant impossible, est pourtant pressenti par l'hystérique comme une menace réalisable, comme le danger suprême d'être un jour ravi par l'extase et de jouir jusqu'à la mort ultime. En somme, le problème de l'hystérique est avant tout sa peur, une peur profonde et décisive, jamais ressentie mais agissant à tous les niveaux de son être, une peur concentrée sur un seul péril, le fait de jouir. Ce sont bien la peur et le refus tenace de jouir qui occupent le centre de la vie psychique du névrosé hystérique.

Or, pour écarter cette menace d'une jouissance maudite et redoutée, l'hystérique invente inconsciemment un scénario fantasmatique destiné à se prouver et prouver au monde qu'il n'y a de jouissance qu'insatisfaite. Comment alors entretenir le mécontentement, sinon en créant le fantasme d'un monstre, que nous appelons l'Autre, tantôt fort et suprême, tantôt faible et malade, toujours démesuré et décevant à l'endroit de nos attentes ? Aussi tout échange avec l'Autre conduit-il inexorablement à l'insatisfaction. Dès lors, la réalité quotidienne du névrosé se modèle selon le moule du fantasme, et les proches qu'il aime ou qu'il hait remplissent pour lui le rôle d'un Autre insatisfaisant. L'hystérique traite son semblable aimé ou haï, et plus particulièrement son partenaire psychanalyste, de la même manière qu'il traite l'Autre de son fantasme. Et comment s'y prend-il ? Il cherche — et trouve toujours ! — les points où son semblable est fort et abuse de cette force pour l'humilier ; et les points où son semblable est faible, et par cette faiblesse, suscite la compassion. L'hystérique décèle chez autrui, avec une perception très aiguë, le signe d'une puissance humiliante qui le rendra malheureux, ou d'une impuissance touchante sur laquelle il s'apitoie mais à laquelle il ne pourra remédier. Bref, qu'il s'agisse du pouvoir de l'autre ou de la faille dans l'autre, que ce soit avec l'Autre de son fantasme ou avec l'autre de sa réalité, ce sera toujours l'insatisfaction que le moi hystérique tiendra à retrouver comme son meilleur gardien. Le monde de la névrose, habité de cauchemars, d'obstacles et de conflits, devient ainsi le seul rempart protecteur contre le péril absolu de la jouissance.

*

## Un moi hystérisant

L'hystérique ne perçoit jamais ses propres objets internes ou les objets externes du monde tels qu'ils sont communément perçus, mais transforme leur réalité matérielle en réalité fantasmée, en un mot : il hystérise le monde. Qu'est-ce que cela veut dire ? Que signifie hystériser ?

Nous venons de voir que pour s'assurer de l'état d'insatisfaction, l'hystérique cherche dans l'autre la puissance qui le soumet ou l'impuissance qui l'attire et le déçoit. Doté d'une aiguë sensibilité perceptive, il détecte chez l'autre la moindre faille, le moindre signe de faiblesse, le plus petit indice révélateur de son désir. Mais à l'instar d'un œil perçant qui ne se contente pas de percer et transpercer l'apparence de l'autre pour y trouver un point de force ou une fêlure, l'hystérique invente et crée ce qu'il perçoit. Il installe dans le corps de l'autre un corps nouveau aussi libidinalement intense et fantasmatique que l'est son propre corps hystérique. Car le corps de l'hystérique n'est pas son corps réel, mais un corps sensation pure, ouvert au-dehors comme un animal vivant, une sorte d'amibe extrêmement vorace qui s'allonge vers l'autre, le touche, éveille en lui une sensation intense et s'en nourrit. Hystériser, c'est faire naître dans le corps de l'autre un foyer ardent de libido.

Modifions maintenant nos termes et soyons encore plus précis dans la définition du concept d'hystérisation. Qu'est-ce qu'hystériser ? Hystériser, c'est érotiser une expression humaine quelle qu'elle soit, alors que par elle-même, intimement, elle n'était pas de nature sexuelle. C'est exactement ce que fait l'hystérique : en toute innocence, sans savoir, il sexualise ce qui n'est pas sexuel ; il s'approprie, à travers le filtre de ses fantasmes à contenu sexuel — et dont il n'a pas nécessairement conscience — tout geste, toute parole ou tout silence qu'il perçoit chez l'autre ou qu'il adresse à l'autre.

Or, nous devons tout de suite apporter une précision qui vaudra à chaque fois que nous utiliserons dans ce livre le mot « sexuel ». De quelle sexualité s'agit-il quand nous pensons à l'hystérie ? Quel est le contenu de ces fantasmes ? Que voulons-nous dire quand nous affirmons que l'hystérique sexualise ? Précisons d'abord que le contenu sexuel des fantasmes hystériques n'est jamais vulgaire ni pornographique, mais une évocation très lointaine et transfigurée des gestes sexuels. Il s'agit de fantasmes à proprement parler sensuels et non pas sexuels, dont le moindre élément anodin peut servir comme déclencheur d'un orgasme auto-érotique.

Il faut en effet comprendre que la sexualité hystérique n'est nullement une sexualité génitale mais un simulacre de sexualité, une pseudo-génitalité plus proche des attouchements masturbatoires et des jeux sexuels infantiles que d'un réel engagement vers la concrétisation d'un véritable rapport sexuel. Sexualiser ce qui n'est pas sexuel signifie pour l'hystérique transformer l'objet le plus anodin en un signe évocateur et prometteur d'un *éventuel* rapport sexuel. L'hystérique est un remarquable créateur de signes sexuels qui sont rarement suivis par l'acte sexuel qu'ils annoncent. Sa seule jouissance, jouissance masturbatoire, consiste à produire ces signes qui lui font croire et font croire à l'autre que son vrai désir est de s'engager dans la voie d'un acte sexuel accompli. Et pourtant, s'il est un désir auquel tient l'hystérique c'est qu'un tel acte échoue, plus exactement il tient au désir inconscient de la non-réalisation de l'acte et, par conséquent, au désir de demeurer un être insatisfait.

Le cadre habituel de l'analyse, le divan, le rituel des séances ou le ton particulier de la voix du psychanalyste, ainsi que le lien transférentiel, constituent l'une des conditions les plus favorables pour installer cet état actif d'hystérisation. La parole d'un analysant, homme ou femme — qu'il soit ou non diagnostiqué « hystérique » —, peut à un moment de la séance se charger d'un sens sexuel, susciter une image fantasmatique et provoquer des effets érogènes dans le corps, que ce soit le corps du psychanalyste ou celui de l'analysant lui-même.

Prenons l'exemple du récit d'une analysante qui nous montre comment un élément anodin de la réalité peut être transformé en signe érotique.

*Exemple d'hystérisation.* □ « Chaque fois que j'entends le déclic de la porte principale de l'immeuble, lorsque vous m'ouvrez en appuyant le doigt sur le bouton de l'interphone, je sens votre doigt appuyer sur ma peau au niveau des bras. Et à ce moment-là, je ris de moi. En vérité, j'ai ri seulement la première fois que cela m'est arrivé ; maintenant, je ne ris plus, je suis saisie par mes sensations. Chaque fois que je suis attentive au plus léger mouvement d'un autre, je le reçois sur la peau, je le sens, je sens une chaleur sur le cou ou sur le cœur. Il m'arrive même de ressentir comme une excitation quand j'entends le simple bruit de la respiration d'un homme près de moi. A ce moment, quelque chose vient directement au corps, sans aucune barrière. Au moindre de vos bruits, je ressens aussitôt une sensation de plaisir à l'endroit de ma peau. Je suis très sensible à vos mouvements qui résonnent dans ma peau. J'imagine ce qui se passe en vous comme si j'étais votre propre peau qui vous enveloppe. Je sens vos mouvements dans ma peau parce que je suis votre peau. » Après un silence, elle ajoute : « Penser et vous dire cela me rassure, et me donne une limite. C'est le raisonnement qui est la limite. »

Venons maintenant au troisième état du moi hystérique, le moi tristesse.

*

## Un moi tristesse

On imagine à quel point, pour hystériser la réalité, le moi hystérique doit être malléable et capable de s'étirer sans discontinuité du point le plus intime de son être, au bord le plus extérieur du monde, et combien incertaine devient alors la frontière qui sépare les objets internes des objets externes. Mais cette singulière plasticité du moi installe l'hystérique dans une réalité confuse, mi-réelle, mi-fantasmée, où s'engage le jeu cruel et douloureux des identifications multiples et contradictoires à divers personnages, et cela au prix de rester étranger à sa propre identité d'être, et plus particulièrement à son identité d'être sexué. L'hystérique peut ainsi s'identifier à l'homme, à la femme, ou encore au point de fracture d'un couple, c'est-à-dire qu'il peut incarner l'insatisfaction même dont un couple est affligé. Il est très fréquent de constater combien le sujet adopte avec une aisance étonnante aussi bien le rôle de l'homme que celui de la femme, mais surtout le rôle du troisième personnage par qui le conflit arrive ou, au contraire, grâce à qui le conflit s'apaise. Que l'hystérique déclenche le conflit ou qu'il l'éteigne, qu'il soit homme ou femme, il occupera invariablement le rôle de l'exclu. C'est justement le fait d'être rejeté à cette place d'exclu qui explique la tristesse dont souvent sont accablés les hystériques. Ils créent une situation conflictuelle, mettent en jeu des drames, s'immiscent dans des conflits, et puis une fois le rideau tombé, ils s'aperçoivent avec la douleur de la solitude que tout n'a été qu'un jeu dont ils sont la part exclue. C'est lors de ces moments de tristesse et de dépression si caractérisés, que nous repérons l'identification de l'hystérique avec la souffrance propre à l'insatisfaction : le sujet hystérique n'est plus un homme, n'est plus une femme, il est maintenant douleur d'insatisfaction. Et avec cette douleur, il reste dans l'impossibilité de se dire homme ou de se dire femme, de dire tout simplement l'identité de son sexe. La tristesse du moi hystérique répond au vide et à l'incertitude de son identité sexuée.

*

*   *

En somme, le visage de l'hystérie dans une cure d'analyse, et au-delà dans tout rapport avec autrui, se présente comme un lien insatisfaisant, érotisant et triste, tout entier polarisé autour du refus tenace de jouir.

Il est opportun de préciser maintenant que ce refus tenace de jouir se retrouve également aux fondements des autres névroses que sont l'obsession et la phobie, mais sous des modalités bien spécifiques. Quelles sont les modalités obsessionnelle et phobique du refus que le névrosé oppose à la jouissance ? Et comparativement, quelle est la modalité spécifique du refus hystérique ? C'est ce que nous allons aborder à présent.

## La différence entre l'hystérie, l'obsession et la phobie

Pour situer l'hystérie dans le cadre plus large des névroses, et marquer ainsi sa spécificité à côté des deux autres grands types cliniques, demandons-nous avant tout ce qu'est une névrose en général. La réponse est maintenant claire : la névrose est une mauvaise façon de se défendre, la façon inappropriée que, sans savoir, nous employons pour nous opposer à une jouissance inconsciente et dangereuse. Si nous tombons malades, névrotiquement malades, c'est bien parce que nous cherchons opiniâtrement à nous défendre contre une jouissance douloureuse. Et ce faisant, nous nous défendons mal. Nous nous défendons mal, car pour apaiser l'intolérable d'une douleur, nous n'avons eu d'autre recours que de la transformer en souffrance névrotique (symptômes). Finalement, nous n'avons fait que substituer à une jouissance inconsciente, dangereuse et irréductible, une souffrance consciente, supportable et en dernière instance réductible. Ainsi les trois névroses classiques peuvent-elles se définir suivant le mode particulier qu'a le moi de se défendre. Il existe alors trois façons — j'insiste, mauvaises façons — de lutter contre la jouissance intolérable et par conséquent trois modes différents de vivre sa névrose.

• Souffrir névrotiquement sur un mode *obsessionnel*, c'est souffrir consciemment dans la pensée, c'est-à-dire *déplacer* la jouissance inconsciente et intolérable en souffrance de pensée.

• Souffrir en *phobique*, c'est souffrir consciemment du monde qui nous entoure, c'est-à-dire *projeter* au-dehors, sur le monde extérieur, la jouissance inconsciente et intolérable, et la cristalliser en un élément de l'environnement externe, devenu alors l'objet menaçant de la phobie.

• Et enfin, souffrir sur un mode *hystérique*, c'est souffrir consciemment dans le corps, c'est-à-dire *convertir* la jouissance inconsciente et intolérable en souffrance corporelle.

> En un mot, la jouissance intolérable se convertit en troubles du corps dans l'hystérie, se déplace en dérèglement de la pensée dans l'obsession, et s'expulse pour aussitôt revenir comme un danger extérieur, dans la phobie.

Avançons une dernière remarque en nous appuyant sur une phrase éclairante de Freud : « Notre terminologie des névroses n'est pas applicable au refoulé [jouissance intolérable] qui ne peut plus être appelé ni hystérique, ni obsessionnel, ni paranoïaque. » On le voit aisément, les qualificatifs d'hystérique, d'obsessionnel ou de phobique ne s'appliquent pas à la chose inconsciente et refoulée, mais bien aux types de défense utilisés par le moi. La névrose reste une affaire de défense, et non pas une affaire de l'objet contre lequel agit la défense. Si nous reprenons notre terminologie, nous pouvons conclure en affirmant qu'il n'y a pas de jouissance névrotique, obsessionnelle ou autre, il n'y a que des modalités névrotiques du moi pour se défendre.

*

* *

# LES CAUSES
# DE L'HYSTERIE

## Notre lecture de la première théorie de Freud : l'origine de l'hystérie est la trace psychique d'un trauma

Revenons maintenant à nos questions du début : comment devient-on hystérique, quelle est la cause des manifestations hystériques ? Quel est le mécanisme de formation d'un symptôme hystérique ? Selon la première théorie freudienne, la névrose hystérique, comme d'ailleurs toute névrose, est provoquée par l'action pathogène d'une représentation psychique, d'une idée parasite non consciente et fortement chargée d'affect. Rappelons qu'à la fin du XIX$^{e}$ siècle, sous l'impulsion de Charcot et de Janet, était déjà établie et relativement bien admise la thèse qui faisait de l'hystérie une « maladie par représentation ». Freud, lui aussi, emprunta cette voie, mais très vite s'en écarta, en apportant plusieurs modifications dont la plus décisive fut de considérer l'idée parasite, génératrice du symptôme hystérique, comme une idée à contenu essentiellement sexuel. Mais qu'est-ce que cette idée sexuelle ? Comment est-il possible qu'une idée inconsciente et sexuelle soit capable, à elle seule, de provoquer une aphonie par exemple, une boulimie ou encore une frigidité ? Pour répondre, nous suivrons pas à pas le processus qui s'ouvre avec l'apparition de cette représentation sexuelle inconsciente, et qui s'achève avec l'apparition d'un symptôme hystérique chez le patient.

Au début de son œuvre, Freud est persuadé — il changera d'avis plus tard — que le malade hystérique a subi, lors de son enfance, une expérience traumatique. L'enfant pris au dépourvu a été la victime impuissante d'une séduction sexuelle opérée par un adulte. La violence de cet événement réside dans l'irruption intempestive chez l'enfant d'un émoi sexuel excessif qui le submerge et dont il n'a nulle conscience. L'enfant, être immature, reste pétrifié et sans voix ; il n'a pas eu le temps de réaliser ce qui lui arrive ni d'éprouver l'angoisse qui aurait été la sienne s'il avait eu conscience d'un tel émoi brutal. La violence du trauma consiste en l'émergence d'un trop-plein d'affect sexuel non ressenti dans la conscience, mais inconsciemment reçu. Trauma veut dire trop d'affect inconscient en l'absence de l'angoisse nécessaire qui, au moment de l'incident, aurait permis au moi de l'enfant d'amortir et de supporter la tension excessive. S'il y a eu trauma, c'est bien parce que l'angoisse — qui aurait dû surgir — a précisément manqué. Désormais est installé dans l'inconscient de l'enfant un excès de tension inassimilable et en errance, qui n'arrive pas à se décharger sous la forme d'un appel au secours par exemple, ou d'une action motrice de fuite. Ce trop-plein d'affect subsistera alors dans le moi à la manière d'un kyste, pour y constituer le foyer morbide générateur des futurs symptômes hystériques. L'excitation brutale qu'a signifiée l'acte séducteur de l'adulte a introduit au sein du moi une énergie qui, transférée de l'extérieur vers l'intérieur, s'y enferme sous la forme d'une intense tension sexuelle à la dérive. On peut reconnaître dans un tel excès d'affect sexuel l'équivalent d'un orgasme inconscient chez un être immature. Ainsi, nous comprenons que le trauma n'est plus un événement extérieur, mais un violent dérèglement interne, logé dans le moi.

Or, il est encore un autre aspect du trauma qu'il nous faut préciser. Un trauma psychique n'est pas seulement un excès de tension errante, c'est aussi une image suractivée par cet excès d'énergie sexuelle accumulée. La trace psychique du trauma, que nous appellerons maintenant « représentation intolérable », comporte donc deux éléments inconscients : une surcharge d'affect et une image suractivée. Nous venons de voir comment surgit la charge sexuelle ; demandons-nous à présent comment surgit l'image. Pour cela, il faut comprendre d'abord que le moi de l'enfant, futur hystérique, sur lequel portera l'impact traumatique de la séduction, est une surface psychique faite de différentes images corporelles organisées comme un corps imaginaire, véritable caricature du corps anatomique. Le moi hystérique est ainsi un corps composé à la manière d'un habit d'arlequin, où chaque losange du costume correspond à l'image déformée d'un organe particulier, d'un membre, d'un orifice ou de toute autre partie anatomique. Au moment du trauma, l'impact de la séduction détache l'un de ces losanges, touche ponctuellement l'une de ces images, celle justement correspondant à la partie corporelle mise en jeu lors de l'accident traumatique. L'excédent de tension psychique se concentre alors sur cette image et l'investit à tel point qu'elle finit par se désolidariser du reste des autres images du corps imaginaire ou, ce qui revient au même, se désolidariser du moi hystérique. Précisément, ce que nous avons appelé représentation inconsciente ou idée parasite, en qualifiant l'hystérie de « maladie par représentation », est bien cette image inconsciente, déconnectée du corps imaginaire (le moi), renvoyant à la partie du corps concernée dans la scène traumatique, et hautement investie d'une charge sexuelle. Un détail, une posture du corps de l'adulte séducteur ou du corps de l'enfant séduit, une odeur, une lumière, un bruit... toutes ces formes peuvent constituer le contenu imaginaire de la représentation inscrite dans l'inconscient et sur laquelle va se fixer l'excès de l'affect sexuel.

Je voudrais insister encore sur l'élément essentiel du trauma. Ce qu'il faut bien retenir est ceci : le trauma dont souffre l'enfant n'est pas l'agression extérieure, mais la trace psychique laissée par l'agression ; ce n'est pas la nature de l'impact qui compte, mais l'empreinte qui en résulte, imprimée à la surface du moi. C'est cette empreinte, cette image hautement investie d'affect, isolée, pénible pour le moi, qui doit être considérée comme la source du symptôme hystérique, et même plus généralement comme la source de tout symptôme névrotique quel qu'il soit.

Le trauma s'est déplacé. Nous avions commencé en évoquant un incident traumatique extérieur à l'enfant, et maintenant nous retrouvons la même violence de l'effraction enclavée à l'intérieur du moi sous la forme d'une représentation inconsciente, surchargée d'énergie sexuelle et source d'une douleur intolérable pour le moi. Soulignons-le : la cause de l'hystérie n'est pas un accident mécanique extérieur et datable dans l'histoire du patient, mais la trace psychique surinvestie d'affect ; ce n'est pas le fait même de la séduction qui opère, mais la représentation psychique qui en est la trace vivante.

*

* *

## L'hystérie est provoquée par une défense inappropriée du moi : le refoulement

S'impose à nous maintenant une nouvelle question : quel est le destin de la surcharge qui investit la représentation errante ? Comment le moi va-t-il s'en dégager ? Et surtout, pourquoi la représentation surchargée est-elle la source morbide de troubles hystériques ? La réponse à ces questions est décisive pour comprendre l'une des grandes thèses freudiennes de l'étiologie de l'hystérie. D'après Freud, la névrose hystérique est provoquée par la maladresse avec laquelle le moi veut neutraliser ce parasite interne qu'est la représentation sexuelle intolérable. Il est curieux de voir que la représentation intolérable acquiert paradoxalement son véritable pouvoir pathogène lorsqu'elle est attaquée par un moi qui se débat. Alors qu'elle était déjà isolée par le poids de sa surcharge, le moi va accentuer son isolement jusqu'à porter la tension à son paroxysme. Plus le moi attaque la représentation, plus il l'isole. Or, c'est exactement ce sursaut défensif du moi que Freud appelle « refoulement ». Freud a tellement insisté sur la notion de refoulement qu'on oublie fréquemment ceci : « refouler » veut dire avant tout « isoler ». C'est parce que ladite représentation a été fondamentalement séparée des autres représentations organisées de la vie psychique, qu'elle devient radicalement intolérable et qu'elle garde au sein du moi une activité pathogène inextinguible. Tant que cette représentation pénible reste écartée — c'est-à-dire refoulée —, le moi conservera en lui un traumatisme psychique interne et larvé.

Je le souligne, ce qui rend malade un hystérique n'est pas tant la trace psychique du trauma, mais le fait que cette trace, sous la pression du refoulement, soit surchargée d'un trop-plein d'affect qui voudrait en vain s'écouler. Le ressort essentiel de l'hystérie consiste donc dans le conflit entre une représentation porteuse d'un excès d'affect d'une part et, d'autre part, une défense malheureuse — le refoulement — qui rend la représentation encore plus virulente. Plus le refoulement s'acharne contre la représentation, plus il l'isole et la rend dangereuse. Le moi s'épuise et s'affaiblit ainsi dans un vain combat qui produit l'effet inverse du but recherché. Le refoulement est une défense tellement inadéquate que nous pouvons le considérer comme aussi malsain pour le moi que la représentation pathogène qu'il prétend neutraliser.

Le rôle de la défense dans l'étiologie de l'hystérie fut pour Freud si déterminant qu'il nomma l'hystérie, « hystérie de défense » (nous aurions pu dire aussi « hystérie de refoulement »). Nous verrons tout de suite que Freud n'en restera pas là et proposera une nouvelle dénomination : « hystérie de conversion ».

*

* *

## L'hystérie est provoquée par l'échec du refoulement : la conversion

Nous sommes donc en présence d'un conflit au sein du moi entre, d'un côté, une représentation surchargée qui cherche à libérer son trop-plein d'énergie et, de l'autre, la pression constante du refoulement qui, en isolant la représentation, l'empêche d'écouler sa surcharge. Quelle sera la résolution de ce conflit ? En fait, il n'y aura pas de solution radicale, c'est-à-dire qu'il n'y aura pas d'écoulement libérateur, mais seulement des solutions de compromis, consistant toutes dans l'investissement d'autres représentations moins dangereuses que la représentation intolérable. Il s'agit donc d'un déplacement d'énergie, ou pour être plus exact, nous devrions dire qu'il s'agit d'une transformation de l'énergie d'un état premier en un état second. Afin de déjouer le refoulement, l'excès d'énergie passe de son état premier — la surcharge d'une représentation intolérable — à cet autre état de charge qu'est la souffrance corporelle. La charge se transforme donc, mais sans cesser pour autant d'être un excès d'énergie aux effets morbides.

Or, ce conflit « surcharge/refoulement », que nous avons cerné dans notre souci de comprendre le mécanisme de l'hystérie, est en réalité situé au fondement de toutes les névroses. La spécificité de chaque type de névrose : obsession, phobie et hystérie, dépendra des modalités de l'issue finale du conflit. Nous aurons une névrose différente selon le type de représentation que la surcharge finit par investir après avoir quitté la représentation intolérable. Expliquons-nous. L'issue du conflit se décide suivant le schème de transformation de l'énergie en deux états distincts. Nous avons toujours la surcharge énergétique dans sa nature d'excès, mais cette surcharge adopte deux états différents et successifs : l'état premier correspond au moment où elle investit la représentation intolérable (scène traumatique) ; et l'état second correspond au moment où elle investit une représentation quelconque appartenant à la pensée (obsession), au monde extérieur (phobie), ou au corps (hystérie). La surcharge, tout en conservant sa nature d'excès, peut donc se mobiliser en contournant de trois manières possibles le refoulement, ou si l'on veut, en provoquant trois mises en échec du refoulement qui resteront finalement trois mauvaises solutions puisque chacune d'elles donnera lieu à un symptôme névrotique qui fait souffrir.

### *Obsession*

La première issue possible consiste en un déplacement de la charge qui abandonne la représentation pénible pour s'installer dans la pensée et surinvestir une idée consciente devenue envahissante dans la vie du névrosé. Nous reconnaissons ici le mécanisme de formation de l'idée fixe obsessionnelle.

### *Phobie*

La deuxième issue correspond au cas de la névrose phobique. La charge quitte également la représentation, mais au lieu de s'installer immédiatement dans un élément de la pensée, comme c'est le cas dans l'obsession, elle reste d'abord libre, sans attache, en attente dans le moi. La charge ainsi disponible et flottante est ensuite projetée sur le monde extérieur pour s'y fixer en un élément défini (la foule, un animal, un espace clos, un tunnel, etc.), devenu dès lors l'objet que le phobique doit fuir pour éviter l'apparition de l'angoisse.

## La souffrance du symptôme de conversion est l'équivalent d'une satisfaction masturbatoire

### *Conversion*

La troisième issue qui déjoue le refoulement, celle qui nous intéresse ici, consiste en la transformation de la charge sexuelle excessive en influx nerveux tout aussi excessif qui, agissant comme excitant ou comme inhibiteur, provoque une souffrance somatique. Ainsi la conversion se définit-elle d'un point de vue économique comme la transformation d'un excès constant d'énergie passant de l'état psychique à l'état somatique. Ce saut du psychique au somatique, qui demeure aujourd'hui une interrogation ouverte [2], pourrait se décrire comme suit : la surcharge énergétique quitte le carcan de la représentation intolérable, conserve sa nature d'excès, et resurgit transformée en souffrance corporelle, soit sous la forme d'une hypersensibilité douloureuse, soit au contraire sous la forme d'une inhibition sensorielle ou motrice. Puisque l'excès d'énergie qui passe du psychique au physique reste constant — c'est-à-dire toujours démesuré —, nous pouvons admettre que la souffrance d'un symptôme somatique est une énergie équivalant à l'énergie d'excitation du trauma initial, ou plus exactement équivalant à cet excès d'affect sexuel que nous avons plus haut comparé à un orgasme.

C'est cette permanence d'un même excès d'énergie qui justifierait ainsi le sentiment du psychanalyste lorsque devant des manifestations somatiques de nature hystérique, il irait jusqu'à y reconnaître l'expression substitutive d'un orgasme sexuel. Plus exactement, d'un orgasme obtenu par masturbation, car ne l'oublions pas, la sexualité de l'hystérique reste essentiellement une sexualité infantile. Une soudaine rougeur apparue dans le cou de tel patient hystérique à la fin d'une séance peut être considérée, du point de vue psychanalytique, comme l'équivalent cutané d'un orgasme. Des vomissements atypiques, une énurésie chez l'enfant, une crise de larmes, une aphonie ou une paralysie hystérique de la marche constitueront en définitive la manière détournée et névrotique qu'a l'hystérique de vivre sa sexualité infantile. Les symptômes conversifs sont donc à prendre comme des équivalents corporels de satisfactions masturbatoires infantiles.

Ainsi, des trois échecs du refoulement, *échec par déplacement* de la surcharge d'une représentation à une idée, dans la névrose obsessionnelle, *échec par projection* de la surcharge de l'intérieur psychique sur le monde extérieur, dans la névrose phobique, l'*échec par conversion* de la surcharge en symptôme somatique constitue le mécanisme particulier de l'hystérie. A l'ancienne appellation « hystérie de défense », Freud substituera désormais l'expression d'« hystérie de conversion ».

*

* *

## Le choix de l'organe, siège de la conversion

On a bien compris que pour mettre en échec et contourner la pression du refoulement, la surcharge a dû trouver cette issue conversive dans le corporel et investir un organe précis. Mais comment s'opère alors le choix de cet organe ? Comment se fait-il que la charge fasse irruption dans telle zone corporelle plutôt que dans telle autre ? Précisément, la région somatique affectée par le symptôme conversif correspond à cette partie du corps jadis touchée par le trauma, devenue ainsi une image déterminée. Dans la conversion, la charge énergétique abandonne l'image inconsciente pour aller « énergétiser » l'organe dont cette image est le reflet. Le choix du siège somatique de la conversion s'explique alors très schématiquement selon la séquence suivante : *partie du corps perçue dans la scène traumatique (le bras par exemple) → image inconsciente d'un bras → paralysie conversive du bras.* Bien entendu, ces trois états successifs du corps — corps perçu, corps imagé et corps souffrant — ne se réfèrent pas toujours au seul corps d'une même personne. La zone corporelle perçue lors du traumatisme peut tout aussi bien appartenir au corps de l'enfant, de l'adulte séducteur, voire d'un témoin de la scène. Car l'essentiel n'est pas de savoir à qui appartient le corps, mais la partie du corps qui a été, lors du trauma, le plus fortement perçue par l'enfant, c'est-à-dire avec le plus de prégnance. Si par exemple, dans la scène traumatique de séduction, on entend les hurlements indignés d'un témoin — prenons le cas d'une mère horrifiée surprenant les attouchements du beau-père sur le corps de sa fille —, alors le symptôme somatique de conversion prendra la forme d'une inhibition de la voix (aphonie) qui frappera plus tard la fille devenue femme hystérique. Les hurlements de la mère perçus et inscrits dans l'inconscient de l'enfant resurgiront ultérieurement en lui, comme une perte de sa voix. L'hystérique actualise dans son corps (aphonie) l'empreinte psychique imprimée par le corps de l'autre (hurlements de la mère).

*

* *

Si nous résumons les deux aspects essentiels de la conversion que nous venons de considérer, la constance de l'excès d'énergie qui passe de l'état sexuel-psychique à l'état de souffrance somatique, et la persistance d'une zone du corps qui passe de l'état d'image inconsciente à l'état d'organe conversif, nous comprenons à quel point la solution conversive est mauvaise et inappropriée. L'énergie a bien changé de système, mais le sujet continue de souffrir parce que le motif de sa souffrance n'a pas varié. Que ce soit au niveau psychique ou au niveau du corps, il souffre d'être habité par un excès inassimilable et irréductible. La conversion est une mauvaise solution parce qu'elle ne résout pas la difficulté principale qui cause l'hystérie, à savoir l'enfermement de l'excès de charge énergétique en un élément isolé et déconnecté de l'ensemble, que cet élément soit une représentation psychique, ou que cet élément soit une zone corporelle conversive. L'issue de la conversion reste en effet une mauvaise solution car le problème de l'incompatibilité demeure entier : avant, c'était l'incompatibilité de la représentation avec l'ensemble des représentations constitutives du moi de l'hystérique ; à présent, c'est devenu l'incompatibilité d'une souffrance somatique qui n'obéit pas aux lois du corps réel.

Mais aussitôt une question s'impose : puisque la conversion n'est pas la bonne solution, y aurait-il alors une autre manière plus adéquate de traiter l'excès ? une autre solution qu'un changement d'état au cours duquel, nous l'avons vu, l'excès reste toujours un excès ? Oui, ce serait de répartir et distribuer cet excès en une multiplicité de représentations, de collectiviser l'excès, bref, de le désamorcer en le disséminant. Mais comment ? C'est maintenant que nous devons introduire l'écoute du psychanalyste considérée justement comme une dissémination de l'excès, et une voie possible pour guérir le sujet de l'inconciliable.

*

*   *

## Le symptôme de conversion disparaît s'il prend une valeur symbolique, celle produite par l'écoute du psychanalyste

*C'est parce que quelqu'un m'écoute et veut découvrir l'énigme des malaises dans mon corps, que ces malaises prendront un sens dans mon histoire ; alors peut-être pourront-ils un jour disparaître.*

Puisque la conversion — disions-nous — n'est pas la bonne solution, comment alors traiter l'excès et guérir l'hystérique de l'inconciliable qui le parasite ? Nous partons de l'hypothèse suivante : l'écoute et l'interprétation du psychanalyste fonctionnent en tant que moi symbolique, c'est-à-dire en tant qu'ensemble de représentations. Il s'agit d'un moi capable d'accueillir la représentation inconciliable que le moi hystérique refoule, et de neutraliser ainsi la surcharge morbide en la distribuant parmi l'ensemble de ses propres représentations. L'écoute de l'analyste intègre et dissipe ce que l'hystérique refoule et concentre. Aussi le sujet guérit-il de l'inconciliable, et le symptôme de conversion pourra-t-il disparaître. Nous formulons ici de façon stricte, et avec les mots du vocabulaire énergétique, ce principe général qui veut qu'un symptôme conversif s'estompe s'il prend la valeur symbolique que lui confèrent l'écoute et l'interprétation du psychanalyste. Qu'un symptôme prenne une valeur symbolique et ait une chance de disparaître signifie que la représentation inconciliable dont ce symptôme est le substitut, a pu être intégrée dans le système de représentations de l'écoute analytique et sa surcharge, disséminée. Nous tenons ici le même propos formulé suivant deux expressions différentes, l'une énergétique, l'autre symbolique. Dire que la représentation inconciliable s'intègre au sein du moi de l'écoute équivaut à dire que l'écoute de l'analyste donne un sens symbolique au symptôme conversif et le fait disparaître. L'écoute analytique opère ainsi tant dans le registre énergétique que symbolique.

Or, nous le voyons, un symptôme de conversion n'aura de signification symbolique et ne disparaîtra qu'à une seule et unique condition : qu'il soit dit par le patient et recueilli par une écoute, non pas une écoute révélatrice d'un sens voilé et déjà là, mais une écoute génératrice d'un sens nouveau. Mais comment admettre que l'écoute silencieuse d'un analyste, apparemment passive, soit capable à elle seule d'engendrer du sens et que l'engendrement de ce sens fasse disparaître le symptôme ? Une écoute aura effectivement le pouvoir d'engendrer un sens nouveau si elle est l'écoute d'un psychanalyste habité d'un désir en creux, prêt à recevoir l'impact d'un dit symptomal. Entendons-nous bien, il ne suffit pas que le patient nomme son symptôme conversif et en parle à autrui pour qu'il prenne sens. Encore faut-il que l'écoute qui reçoit ce dire soit une écoute transférentielle, c'est-à-dire l'écoute d'un thérapeute qui désire entrer dans la psyché du patient jusqu'au point d'y incarner l'excès irréductible, de s'y faire le noyau de la souffrance. S'il y parvient, c'est-à-dire si son désir d'analyste est là, identifié à la cause de la souffrance, alors le psychanalyste sera entraîné à dire l'interprétation ou à la faire surgir indirectement dans la parole de l'analysant. Il aura fallu avant tout que l'analyste s'identifie à l'excès inassimilable, c'est-à-dire qu'il devienne l'énergie elle-même, pour qu'il se voie entraîné à dire l'interprétation. Pour trouver la bonne interprétation, nul besoin de la chercher dans les livres ni dans le travail de la pensée, elle surgira impromptue si le praticien a su d'abord se loger au centre du foyer psychique de l'excès. Identifiez-vous au noyau de la souffrance, et l'interprétation jaillira ; et quand elle adviendra, elle s'offrira comme un substitut de la représentation intolérable radicalement différent de cet autre substitut qu'était le symptôme de conversion.

Avant l'écoute, la représentation inconciliable était, par le truchement de la conversion, dite par le symptôme et cela faisait souffrir ; avec l'écoute, la même représentation est dite par l'interprétation et cela dissipe la souffrance. Pourquoi ? Parce que l'analyste, en disant la représentation inconciliable à travers l'interprétation, réussit à ce que l'excès dont la représentation est porteuse se dissémine dans la famille de représentations que l'écoute analytique incarne (moi symbolique). Au moi de l'hystérique épuisé et malade de vouloir en vain refouler, je greffe, en tant que psychanalyste, mon désir d'être la souffrance du symptôme ; et à la faveur de l'interprétation, je rends conciliable la représentation jusqu'alors inconciliable. Aussi le symptôme deviendra-t-il compatible avec le reste du corps, c'est-à-dire amené à disparaître. J'accepte avec mon écoute, c'est-à-dire avec mon inconscient, d'intégrer ce que le moi hystérique rejette. Il suffit de ce désir de l'analyste, même silencieux et tacite, pour que l'écoute vivifie le symptôme d'une valeur symbolique et par conséquent... le fasse disparaître. Oui, l'écoute donne un sens et le sens tue le symptôme parce qu'il l'« ordinarise », le banalise et lui fait prendre une place parmi d'autres événements dans la constellation des événements de la vie psychique du sujet. Tant qu'il n'a pas été écouté, le symptôme reste l'épine qui fait souffrir parce qu'inassimilable, mais il a fallu que l'écoute le rende signifiant pour que la souffrance s'amenuise et que le symptôme finisse par se dissoudre.

En somme, tout se passe comme si l'écoute du psychanalyste fonctionnait en tant que famille de représentations qui accueille la représentation inconciliable jusqu'alors refoulée par le moi hystérique. L'excès de la surcharge se répartit ainsi entre les différents membres de cette famille auxiliaire qui est le moi symbolique tenant lieu de l'écoute. Aussi la résolution de l'excès d'affect se fait-elle grâce à la dispersion et à la dissipation de l'énergie parmi les représentations de cet ensemble qui est le moi de l'écoute. Libérée de la surcharge et homologuée à d'autres représentations sœurs, la représentation jadis inconciliable et maintenant apaisée pourra enfin réintégrer le moi qui l'avait rejetée. L'écoute analytique ferait ainsi œuvre de relais, par le détour duquel la représentation inconciliable devient donc conciliable ; un relais entre un moi malade qui refoule et un moi nouveau, jadis hystérique, qui dorénavant accepte. Structuralement parlant, l'ensemble des représentations qui refoule — dit *moi hystérique* —, l'ensemble des représentations qui accueille — dit *moi symbolique*, c'est-à-dire l'écoute psychanalytique — et l'ensemble des représentations d'un *moi nouveau* qui maintenant accepte, constituent, dans le cadre du transfert, trois ensembles superposables. Ces ensembles se fondent en une seule et même structure appelée l'inconscient, un inconscient qui n'appartient ni à l'un ni à l'autre des partenaires analytiques.

*

*　*

## Notre lecture de la deuxième théorie de Freud : l'origine de l'hystérie est un fantasme inconscient

> *L'intérêt de celui qui étudie l'hystérie se détourne bientôt des symptômes pour se porter sur les fantasmes dont ils résultent.*
>
> S. Freud

Avant de poursuivre, posons-nous d'emblée la question : cette théorie, que nous venons de développer à partir de notre lecture des premières formulations de Freud, est-elle encore actuelle ? Nous est-elle toujours utile dans le travail avec nos patients ? Lorsqu'un psychanalyste se trouve aujourd'hui devant un symptôme hystérique de conversion — un problème somatique comme ceux qui se présentent fréquemment au cours de l'analyse, tels une crise d'urticaire, par exemple, ou bien des vertiges chez l'enfant —, ce psychanalyste pense-t-il dans les termes que nous venons d'employer ? Sans hésiter, je réponds affirmativement. La théorie de la conversion telle que nous l'avons interprétée reste à nos yeux extrêmement actuelle. D'autant plus actuelle si nous la pensons à partir de la modification introduite par Freud en 1900 : l'origine de l'hystérie est un fantasme inconscient et non plus une représentation. Et ce qui se convertit est une angoisse fantasmatique et non plus une surcharge de la représentation.

Freud considère en effet qu'il n'est plus nécessaire, pour expliquer l'apparition d'un symptôme de conversion, de trouver un réel événement traumatique dans l'histoire du patient. La représentation pénible n'a plus besoin de surgir d'une lointaine séduction sexuelle commise par un adulte. Il suffit maintenant de penser à notre enfance, d'imaginer le développement de notre corps pulsionnel, et de comprendre que chaque expérience éprouvée quand nous étions enfant, au niveau des différentes zones érogènes — bouche, anus, muscles, peau, yeux — a l'exacte valeur d'un *trauma*. Sans avoir à subir une expérience traumatique réelle, déclenchée par un agent extérieur, le moi infantile est lui-même tout au long de sa maturation sexuelle, le siège naturel de l'éclosion spontanée et violente d'une tension excessive nommée désir.

Mais où repérer alors, dans l'évolution normale de notre corps libidinal, cette éclosion spontanée d'un trauma produit sans intervention extérieure ? Pour Freud — et pour nous aujourd'hui —, le terme de trauma ne se réfère plus essentiellement à l'idée d'un événement extérieur, mais désigne un événement psychique chargé d'affect, véritable micro-trauma local, centré autour d'une région érogène du corps, et consistant en la fiction d'une scène traumatique que la psychanalyse nomme *fantasme*. Bien entendu, que le fantasme soit un trauma ne veut pas dire que tous les traumas soient des fantasmes. Dans la vie quotidienne de l'enfant, il peut se produire des chocs traumatiques réels provoqués par des agents extérieurs ; ils existent et sont motifs fréquents de consultations en psychanalyse d'enfants. Dans ce cas, l'affect provoqué par le trauma réel est un effroi qui sans être refoulé restera cependant inscrit d'une manière ou d'une autre dans la vie fantasmatique de la psyché enfantine. Soyons donc clair : certes il y a des traumas qui ne sont pas des fantasmes, mais tout trauma, qu'il soit réel ou psychique, s'inscrit nécessairement dans la vie des fantasmes.

Mais reprenons. Pourquoi dire que les fantasmes équivalent à des traumas ? Parce que dans ce foyer du fantasme qu'est le lieu érogène, jaillit une sexualité excessive, non génitale (auto-érotique), soumise automatiquement à la pression du refoulement. La sexualité infantile naît toujours mal, parce que exorbitante et extrême. Voilà la grande découverte de Freud qui lui fit abandonner la théorie du trauma réel comme origine de l'hystérie. La sexualité infantile est un foyer inconscient de souffrance, car elle est toujours démesurée par rapport aux moyens limités, physiques et psychiques, de l'enfant. Un enfant reste inévitablement prématuré, non préparé eu égard à la tension qui affleure en son corps et, inversement, cette tension libidinale reste trop intense pour son moi. Source des futurs symptômes, la sexualité infantile est traumatique et pathogène parce qu'elle est excessive et débordante. Selon la première théorie, l'incident traumatique réel de l'hystérie consistait en l'action perverse d'un adulte sur un enfant passif ; à présent, la perspective est complètement renversée : c'est le propre corps érogène de l'enfant qui produit l'événement psychique, car il est le foyer d'une sexualité grouillante, le siège du désir. Un désir qui porte en soi l'idée qu'un jour il pourrait s'accomplir dans la satisfaction d'une jouissance illimitée et absolue. C'est justement cette possibilité d'un absolu accomplissement du désir qui est insupportable pour le sujet. Nous l'avions dit dans les premières pages, la jouissance est insupportable pour le sujet parce que s'il la vivait, elle mettrait en danger l'intégrité de tout son être. Le surgissement de ce trop de sexualité nommé désir avec l'éventualité de son accomplissement nommé jouissance, est si intense qu'il nécessite, pour être tempéré, la création inconsciente de fabulations, de scènes et de fantasmes protecteurs.

Ces formations fantasmatiques produites inconsciemment, c'est-à-dire à l'insu du sujet, sont donc la réponse psychique obligée pour contenir cet excès d'énergie qu'est la poussée du désir. Une scène fantasmatique aussi « vraie » que l'ancienne scène traumatique survenue dans la réalité, donnera dès lors forme et figure dramatiques à la tension désirante. Cette tension, quand elle est fantasmée, c'est-à-dire tempérée par le fantasme, reste une tension tout aussi insupportable mais intégrée et circonscrite dans la scène du fantasme. Nous l'appelons dès lors : angoisse fantasmatique. L'angoisse, c'est le nom que prennent le désir et la jouissance quand ils sont inscrits dans le cadre du fantasme.

Or, que l'excès d'énergie soit un trop-plein d'affect résultant d'un choc traumatique (première théorie), ou une angoisse fantasmatique qui répond à l'éveil spontané et prématuré de la sexualité infantile (nouvelle théorie du fantasme), nous gardons invariablement la thèse que la cause principale de l'hystérie réside dans l'activité inconsciente d'une représentation surinvestie. A ceci près que le contenu de cette représentation ne se réduit plus maintenant à l'image délimitée d'une partie du corps (première théorie), mais qu'il se déploie suivant un scénario dramatique nommé fantasme. Ce fantasme se joue en une courte séquence scénique qui comporte toujours les éléments suivants : une action principale, des protagonistes et une zone corporelle excessivement investie, source d'angoisse. Dans cette nouvelle théorie, le fantasme ainsi bâti est tout aussi inconscient et soumis au refoulement que l'était la représentation intolérable de la première théorie ; et tout aussi porteur d'un excès insupportable d'affect, excès que nous appelons à présent angoisse. Angoisse qui, en déjouant l'action du refoulement, trouvera son expression finale dans un trouble du corps. Dorénavant, d'après cette deuxième théorie freudienne qui situe le fantasme à l'origine de l'hystérie, le psychanalyste ne devra plus chercher derrière le symptôme un événement traumatique datable et réel, mais bien le « traumatisme » d'un fantasme angoissant.

*

*     *

# LA VIE SEXUELLE
# DE L'HYSTERIQUE

## La vie sexuelle de l'hystérique est un paradoxe, et ce paradoxe est l'expression douloureuse d'un fantasme inconscient

*Le désir et le dégoût sont les deux colonnes du temple du Vivre.*

P. Valéry

Mais quel est ce fantasme inconscient, origine de l'hystérie ? Quels en sont les acteurs, comment agissent-ils et de quelle nature est l'angoisse qui les anime ? Nous allons répondre, mais auparavant, je préfère commencer par traiter ce fantasme en considérant d'abord les effets cliniques qu'il produit dans la vie sexuelle des patients hystériques. Le dérèglement de la sexualité hystérique s'explique en effet comme la manifestation la plus directe, ou plus exactement comme la conversion somatique la plus immédiate, de l'angoisse dominant le fantasme originaire de l'hystérie. Nous verrons plus tard quel est ce fantasme et de quelle angoisse il s'agit, mais observons déjà que le mécanisme de conversion, qui transforme l'angoisse de ce fantasme inconscient en un désordre général de la sexualité, a une portée plus globale que la stricte conversion qui transformait la surcharge en un symptôme somatique particulier. Il y aurait donc deux sortes différentes de conversion qui, loin de s'opposer, se complètent : une conversion globale qui transforme l'angoisse en un état général du corps, et une conversion locale qui transforme l'angoisse en un trouble somatique limité à une partie définie du corps. Nous pensons que l'idée d'une conversion globale — qui ne se limiterait donc plus à une partie du corps, mais le concernerait globalement — permet de mieux rendre compte de la sexualité hystérique. Nous croyons qu'à partir du moment où nous réfléchissons en termes de *fantasme inconscient* et non plus en termes de représentation (image d'une partie corporelle), en termes d'*angoisse* et non plus en termes d'excès d'énergie, la théorie freudienne de la conversion ainsi renouvelée est plus féconde que jamais pour expliquer la souffrance sexuelle de l'hystérie. Ainsi pouvons-nous affirmer que l'angoisse du fantasme se transforme en un état troublé de la vie sexuelle de l'hystérique, un état de souffrance dû à une érotisation générale du corps, accompagnée paradoxalement d'une inhibition concentrée au niveau de la zone génitale. La conversion globale de l'angoisse du fantasme aboutit donc à un contraste étonnant : un corps globalement érotisé coexiste douloureusement avec une zone génitale anesthésiée.

Mais quelle est la nature de cette angoisse qui accomplit le saut d'un fantasme psychique situé dans l'inconscient à une érotisation globale du corps et une inhibition génitale ? Et de quel fantasme s'agit-il ? Réservons la réponse encore un instant, et décrivons maintenant ce paradoxe singulier et douloureux de la sexualité hystérique.

*

* *

## Le paradoxe de la vie sexuelle de l'hystérique

Précisons d'abord que l'inhibition génitale dont nous parlons se traduit dans la vie sexuelle de l'hystérique non pas, comme on pourrait le croire, par une indifférence vis-à-vis de la sexualité, mais le plus souvent par une aversion, un véritable dégoût de tout contact charnel. L'inhibition sexuelle hystérique ne signifie pas retrait, mais mouvement actif de répulsion. Une répulsion si caractéristique que Freud n'a pas reculé à dire : « Je tiens sans hésiter pour hystérique toute personne chez laquelle une occasion d'excitation sexuelle provoque le dégoût, que cette personne présente ou non des symptômes somatiques [3]. » Et puis d'ajouter ailleurs : « L'énigme contradictoire posée par l'hystérie (...) [est] le couple d'opposés constitué par un besoin sexuel excessif et un rejet exagéré de la sexualité [4]. » A l'hyperérotisation globale du corps non génital s'oppose donc une profonde aversion pour le coït génital. L'impuissance, l'éjaculation précoce, le vaginisme ou la frigidité sont tous des troubles caractérisés de la vie sexuelle de l'hystérique qui, d'une manière ou d'une autre, expriment cette angoisse inconsciente de l'homme de pénétrer dans le corps de la femme, et cette angoisse inconsciente de la femme de se laisser pénétrer. Le paradoxe de l'hystérique à l'égard de la sexualité se caractérise donc par une contradiction : d'un côté, il y a des hommes et des femmes excessivement préoccupés par la sexualité, cherchant à érotiser toute relation sociale, et de l'autre, ils souffrent — sans savoir pourquoi ils souffrent — d'avoir à traverser l'épreuve de la rencontre génitale avec l'autre sexe. Je pense, par exemple, à ce type d'hommes qui s'interrogent sur la taille et les attributs de leur pénis, ou encore à propos de leur beauté musculaire, et qui corrélativement manifestent un faible intérêt pour les femmes, plus exactement une faible pulsion de pénétrer le corps de la femme. Ce sont des hommes narcissiques, exhibitionnistes, quelquefois très séducteurs, avec un degré variable d'homosexualité et de masturbation.

## La femme hystérique et la jouissance de l'ouvert

Si nous pensons maintenant aux femmes hystériques, le paradoxe semble beaucoup plus compliqué et obscur. En effet, la multiplicité d'aventures amoureuses chez certaines femmes contraste avec la souffrance manifestée par différents types d'inhibitions lors de l'acte sexuel (frigidité, vaginisme, etc.). Or, parmi ces inhibitions, il en est une essentielle et secrète qui touche l'hystérique au point extrême de son être de femme. Tout en vivant un rapport charnel apparemment heureux avec un homme, la femme hystérique peut refuser de s'ouvrir — presque à son insu mais résolument — à la présence sexuelle du corps de l'autre. La leçon que la psychanalyse tire de ce refus de la femme hystérique pourrait s'énoncer ainsi : l'hystérique s'offre mais ne se livre pas ; elle peut avoir des relations sexuelles orgasmiques (orgasme clitoridien ou vaginal) sans pour autant y engager son être de femme. Au moment de l'acte, où elle est confrontée à la menace de perdre cette virginité fondamentale, elle se replie au seuil de la jouissance de l'orgasme, se préservant ainsi d'expérimenter une jouissance radicalement autre, énigmatique et dangereuse, que nous nommerons jouissance de l'ouvert [5]. L'hystérique peut s'offrir à l'orgasme, mais ne se livre pas pour autant à la jouissance de l'ouvert.

L'hystérique ne se livre pas, soit ; mais une question demeure : est-il possible, hystérique ou non, de se livrer véritablement à cette jouissance infinie ? Est-il concevable de jouir de l'ouvert ? Hormis les mystiques et leur expérience d'extase, peut-être sommes-nous tous, tels les hystériques, des êtres pour lesquels le rapport sexuel reste finalement un rapport impossible. C'est bien ce que Lacan s'est évertué à nous démontrer à travers toute son œuvre. Mais alors qu'est-ce qui spécifierait l'hystérique, sinon cette intensité et cette passion avec lesquelles elle se heurte et se blesse contre la limite d'un impossible rapport sexuel ?

En refusant de se livrer, l'hystérique se voit alors inévitablement entraînée sur la pente de l'insatisfaction. Que ce soit l'homme qui manifestement refuse de pénétrer la femme, ou bien la femme qui, acceptant la pénétration, refuse de perdre sa virginité fondamentale, tous deux vivront immanquablement un état permanent et latent d'insatisfaction. Une insatisfaction qui ne se cantonne pas au seul registre sexuel, mais s'étend à l'ensemble de la vie ; et cela parfois de façon très douloureuse à travers des épisodes dépressifs, voire des tentatives de suicide. Or, malgré cette douleur, l'hystérique tient étonnamment à son insatisfaction. Il y tient jusqu'à en faire son désir : le désir d'insatisfaction ; désir avec lequel Lacan a marqué pour toujours le propre de l'hystérie. Il désire être insatisfait parce que l'insatisfaction lui garantit l'inviolabilité fondamentale de son être. Plus l'hystérique est insatisfait, mieux il reste protégé contre la menace d'une jouissance qu'il perçoit comme risque de désintégration et de folie.

*

*   *

# LES FANTASMES HYSTERIQUES

## Le fantasme inconscient à l'origine de l'hystérie est un fantasme visuel : la menace de castration entre par les yeux

### Le cas du garçon

Mais comment expliquer ce paradoxe de la vie sexuelle de l'hystérique : érotisation excessive et douloureuse du corps non génital et inhibition de la zone génitale, ainsi que l'insatisfaction qui en découle ? Nous avons déjà indiqué que l'origine de ce clivage de la sexualité hystérique tenait dans un fantasme inconscient. Il nous reste maintenant à développer le contenu du fantasme. Notre question était : quels sont les acteurs du fantasme originaire de l'hystérie, comment agissent-ils, et surtout quelle est la nature de l'angoisse qui les traverse ? Répondons immédiatement : le fantasme à la base de la névrose hystérique, c'est-à-dire le fantasme fondateur de l'hystérie — que tout psychanalyste pourra repérer dans le travail avec un patient hystérique, quelle que soit la variante sous laquelle ce fantasme se présente —, se résume en l'instantané de la scène suivante :

Un garçon (nous évoquerons plus loin le cas de la fille) est saisi d'horreur *à la vue de l'image* du corps dénudé d'une femme, plus exactement du corps nu, « châtré », de la mère. De la mère ou de toute autre femme avec laquelle existe un lien d'amour. La vision du corps féminin perçu comme un corps privé du pénis provoque l'angoisse parce que l'enfant pense qu'il peut être lui-même victime d'une pareille castration. Il a suffi que le garçon voie sa mère nue et la perçoive châtrée pour qu'il craigne aussitôt de subir le même destin.

Rappelons simplement que l'interdiction de l'inceste proférée par la voix du père est complémentaire de cette autre interdiction, silencieuse et visuelle, imposée par la nudité du corps maternel. Sans doute les deux menaces, l'une qui entre par les yeux, celle du corps maternel, l'autre qui entre par les oreilles, celle de la voix paternelle, convergent pour déclencher l'angoisse de castration.

*

*   *

## L'angoisse fantasmatique destinée à se convertir est une angoisse intolérable, dite « angoisse de castration »

Ainsi, la vie psychique de l'hystérique s'organise autour de ce fantasme visuel dont le scénario se déroule suivant le tracé d'une ligne qui part des yeux du garçon, touche ensuite le trou sexuel de l'Autre châtré et revient enfin vers le phallus du garçon lui-même. Le regard de l'enfant est plaisir et horreur à la fois : plaisir pour le sujet de dévoiler le manque chez la mère (curiosité visuelle), et horreur aussi d'en déduire que si le manque a affecté la mère, c'est que lui aussi peut être châtré. Cette horreur, qui est l'affect dominant du fantasme hystérique du garçon, se nomme en psychanalyse « angoisse de castration ». Angoisse qui, en toute rigueur, devrait s'appeler « angoisse face à la *menace* de castration », car elle renvoie non pas à la douleur de subir la castration, mais à la crainte d'en percevoir la menace. L'angoisse de castration veut dire crainte devant la menace de castration visuellement perçue et non pas peur d'être réellement châtré. Le seul personnage véritablement châtré dans le scénario du fantasme de l'hystérie est la figure de la mère ; la castration est toujours la castration de l'Autre.

## L'angoisse de castration est inconsciente

Ajoutons une remarque sur la nature inconsciente de l'angoisse de castration. Quand le psychanalyste emploie l'expression « angoisse de castration », cette angoisse ne doit pas être confondue avec l'angoisse que nous observons par exemple chez les enfants sous la forme de peurs diverses (cauchemars, frayeurs nocturnes, etc.). Ces troubles, marqués par une angoisse vécue et ressentie par l'enfant sous forme de peur, ne sont que les manifestations cliniques d'une lutte invisible que mène le moi contre l'angoisse inconsciente de castration, inhérente au fantasme. L'angoisse vécue et consciente, dite « peur », est donc l'expression de la défense du moi (refoulement) contre cette autre angoisse non vécue, fantasmatique et inconsciente, que nous appelons angoisse de castration. Bien entendu, et c'est la thèse freudienne que nous soutenons tout au long de cet ouvrage, l'angoisse inconsciente de castration constitue non seulement la source de ces peurs phobiques, mais celle de l'ensemble des manifestations névrotiques.

Apportons ici une précision terminologique. Le moment est venu de rassembler diverses expressions que nous avons employées pour désigner la chose inconsciente, refoulée et intolérable que le moi hystérique est appelé à convertir. A l'instant nous venons de la nommer « angoisse inconsciente de castration ». Mais souvenons-nous qu'initialement, en étudiant la théorie du trauma, nous avions désigné la chose inconsciente sous le terme de « surcharge de la représentation intolérable ». Ce qu'il faut retenir est ceci : la chose inconsciente qui se convertit est, du point de vue de la théorie du trauma, la surcharge énergétique ; et du point de vue de la théorie du fantasme, l'angoisse de castration. Ajoutons encore une autre précision pour bien marquer la différence entre l'intolérable angoisse de castration et l'intolérable jouissance. Une chose est la peur et le refus d'une jouissance illimitée qui menace l'intégrité de *tout* l'être ; une autre chose est l'angoisse devant la menace d'une castration portant sur une *partie* limitée du corps : le phallus. Ou bien j'ai peur de perdre mon être en accomplissant mon désir incestueux, ou bien je m'angoisse à l'idée de risquer mon phallus.

*

* *

## Le fantasme de l'hystérie est un « arrêt sur image » à un moment de l'évolution libidinale de l'enfant : le stade phallique

D'après Freud, la scène du fantasme visuel de l'hystérie que nous venons de décrire correspondrait dans tous ses détails à une scène fictive. Une scène qui aurait été vécue par un enfant de cinq ans, au stade dit phallique de son évolution libidinale. Ainsi, *l'hystérique serait cet enfant qui, n'ayant pu psychiquement dépasser ce stade, y resterait figé.* Ce stade, nous l'appelons stade phallique car la partie sexuelle qui manque à la mère dans l'image de son corps nu n'est pas, aux yeux de l'enfant, le pénis mais l'idole du pénis, la fiction d'un pénis puissant chargé d'une extrême tension libidinale, un « semblant » du pénis que la psychanalyse conceptualise sous le vocable de *phallus*. Précisément, quand le garçon découvre avec angoisse que sa mère est dépourvue de phallus, son univers — jadis habité seulement par des êtres tous porteurs de phallus (lui inclus) — se clive désormais en deux classes d'êtres : ceux qui sont porteurs d'un phallus et ceux qui en sont démunis ; et ceci indépendamment de leur sexe anatomique. Au stade phallique, la différence entre le sexe masculin et le sexe féminin n'est pas acquise ; l'univers infantile reste partagé entre des êtres pourvus et des êtres dépourvus de phallus ou, simplement, entre des êtres puissants et des êtres impuissants, des sains et des malades, des beaux et des laids, et non pas entre des hommes ayant un pénis et des femmes ayant un vagin. C'est dire que l'enfant plongé dans cet univers ne sait pas s'il est un garçon ou une fille. C'est exactement de cette incertitude sexuelle que souffre l'hystérique.

On remarquera ici que l'intensité libidinale au niveau des régions pénienne et clitoridienne, ainsi que la nécessité de se rassurer quant à la permanence et à l'intégrité de son organe sexuel, expliquent, chez l'enfant du stade phallique et au-delà chez l'hystérique, la propension à une activité masturbatoire fréquente et compulsive.

*

*   *

## Le fantasme visuel de castration origine inconsciente de l'hystérie

### Le cas de la fille

J'entends maintenant une lectrice m'interroger : « D'accord, je comprends bien que le garçon s'angoisse devant le danger que représente l'image d'une mère châtrée, mais qu'en est-il de la fille, de cette fille que j'ai été ? » Nous allons répondre en proposant notre propre conception du fantasme féminin de castration. Mais auparavant, rappelons clairement la position classique freudienne. D'après Freud, l'affect qui traverse le fantasme féminin de castration à l'origine de l'hystérie n'est pas l'angoisse comme chez le garçon, mais la haine et le ressentiment envers la mère. La femme ne saurait avoir d'angoisse de castration au vrai sens du terme, puisqu'elle est déjà châtrée ; il n'y a donc pour elle aucun danger de castration. Cependant, il existe bel et bien un fantasme féminin de castration, dans lequel la castration n'est donc pas une menace, mais un fait déjà accompli. Dans son fantasme, la fille n'a pas l'idée du pénis, mais d'un phallus qu'on lui a volé, et elle n'a pas non plus l'idée du vagin comme cavité positive, mais du manque d'un phallus qui aurait dû être là.

Encadrons, comme nous l'avons fait pour le garçon, l'instantané de la scène fantasmatique, version féminine :

Une fille découvre visuellement, elle aussi, le corps nu de sa mère et se dit : « Mais comment... je suis châtrée comme elle ! » N'oublions pas qu'avant ce moment de découverte, la fille, ayant aperçu le pénis d'un garçon, vivait dans la croyance que tous les humains possèdent cette chose puissante qui s'appelle le phallus. Étonnée devant le corps châtré de sa mère et face au constat de sa propre castration, la fille est prise d'une forte envie d'avoir ce phallus qui lui manque, ou de voir un jour grandir son petit phallus clitoridien. Saisie par cette envie, elle est aussitôt envahie par l'irruption d'une bouffée de haine revendicatrice à l'égard de sa mère, cette mère qu'elle tient pour responsable de l'avoir faite fille et de ne pas avoir su la protéger en lui garantissant la permanence d'une force phallique [6].

La séquence scénique que nous venons d'évoquer reprend dans ses grandes lignes la thèse freudienne classique du fantasme féminin de castration. Or, en réalité, nous devrions mieux qualifier ce fantasme et dire : fantasme féminin du constat d'une *castration déjà accomplie*. Alors que pour le garçon nous avions énoncé : fantasme masculin d'une menace de *castration redoutée et à venir*. Pour être complet, il nous faudrait encore ajouter que l'hostilité de la fille à l'égard de sa mère châtrée réactualise un sentiment de haine plus ancien : la rancune ayant accompagné la séparation douloureuse du sevrage.

Or, en nous autorisant de notre pratique avec des patientes hystériques, nous pouvons introduire une modification dans la proposition freudienne. En effet, la confirmation fréquente dans la clinique du paradoxe de la sexualité hystérique, et en particulier de cette variante singulière de l'inhibition sexuelle que constitue la renonciation à la jouissance de la pénétration, nous a conduit à théoriser autrement le fantasme féminin de castration à l'origine de l'hystérie. Nous retrouverons ici partiellement les idées formulées par Ernest Jones [7]. Avant le moment de la découverte de la mère châtrée, quand la fille attribue à tous les êtres un phallus universel, elle ressent déjà des sensations confuses dans le bas-ventre et le vagin, avec le même mélange d'impressions physiques, de narcissisme et de rêveries que le pénis éveille chez le garçon. Alors que pour Freud, le phallus chez la fille pourrait, à un certain moment de son évolution, se localiser essentiellement dans le clitoris, nous étendons sa localisation aux autres organes génitaux féminins, et en particulier à l'utérus. La petite fille investirait son clitoris et ses organes sexuels internes, comme le garçon investit son organe pénien, c'est-à-dire avec la même puissance phallique et avec la même crainte de les sentir menacés [8]. Aussi, de même que le garçon considère son pénis comme un phallus à ne jamais perdre, la fille tient-elle ses organes génitaux comme un phallus à préserver de toute atteinte. En effet, la vue de la mère au corps nu et imposant réveillerait chez la petite fille l'inquiétude d'un danger menaçant pour l'intégrité de ses organes génitaux, et en particulier de son utérus. Le corps maternel s'offre aux yeux de la fillette comme un corps immense, monstrueux et superbe, tout entier phallus inquiétant. Nous ne nions pas que la fille vive rancune et déception à l'égard de sa mère, mais nous voulons reconnaître et faire exister aussi *l'angoisse* provoquée par ce phallus démesuré et envahissant qu'est le corps de la mère-phallus. Mère-phallus et non pas « mère phallique », car il ne s'agit pas d'une mère ayant un phallus, mais d'une mère entièrement assimilée, identifiée au phallus indépassable *.

Voici donc notre proposition. Nous croyons que cette angoisse première provoquée par le danger d'une mère-phallus est la source inconsciente de l'angoisse qu'une femme hystérique peut éprouver lors de la pénétration sexuelle appréhendée comme le risque de déchirure et d'éclatement de son vagin, de son utérus et, au-delà, de tout son être. Dans son fantasme, le pénis de l'homme représenterait, pour la femme hystérique, l'équivalent inconscient du corps démesuré et dangereux de la mère.

*

* *

* Je dois encore mentionner ici, mais sans le développer, l'existence d'une autre catégorie d'angoisse féminine qui, d'après Freud, recentre l'ensemble des angoisses d'une femme, à savoir l'angoisse de la perte de l'objet d'amour.

## Qu'est-ce que la conversion hystérique ? Un phénomène de phallicisation du corps non génital et de désaffection du corps génital

Reprenons le principal de notre développement. Qu'il s'agisse de la version féminine ou masculine du fantasme de castration, l'hystérique y reste pétrifié. Saisi par l'angoisse de perdre ce qu'il tient pour l'essentiel de luimême : son phallus, il s'égare dans la confusion de ne pas savoir s'il est un homme ou une femme. En un mot, l'univers phallique constitue le monde angoissant dans lequel se débat constamment le sujet hystérique. Plus l'hystérique est indéterminé dans son identité sexuelle, plus il tiendra à son phallus, et plus grandira son angoisse jusqu'à se transformer en symptômes et souffrance.

Nous nous étions demandé plus haut comment expliquer le paradoxe de la vie sexuelle de l'hystérique, ainsi que l'insatisfaction qui en découle. Maintenant nous pouvons répondre : cette hantise permanente des dangers fantasmatiques qui guettent l'intégrité de son phallus, et au-delà l'intégrité de tout son être, est une angoisse intolérable, inconsciemment intolérable, dont il lui faut se défaire. Or, précisément, l'hystérique est hystérique par la façon qu'il a de se défaire de son angoisse. De quelle manière s'y prend-il ? Par quel mécanisme l'hystérique tentera-t-il de résoudre son angoisse ?

Nous connaissons déjà une première réponse formulée dans les termes de la théorie du trauma, car nous avons étudié la conversion comme un échec du refoulement provoqué par le déplacement de la surcharge de la représentation inconciliable vers les autres représentations. Puisque le moi, avions-nous expliqué, est incapable de se dégager de la surcharge à travers un écoulement libérateur, alors il la déplace, c'est-à-dire qu'il la convertit. Comment ? La surcharge reste toujours excessive, mais change d'état : elle cesse d'investir la représentation inconciliable (état premier) pour investir une partie du corps (état second) et produire ainsi un symptôme somatique conversif. Or, la théorie de l'origine fantasmatique de l'hystérie que nous venons d'aborder, le concept de phallus et celui d'angoisse de castration nous amènent à penser le mécanisme de conversion d'une tout autre façon qu'avec la théorie du trauma. Nous avons encore une raison supplémentaire de concevoir différemment la conversion, c'est la nécessité d'expliquer, non seulement la formation locale d'un symptôme, mais aussi la souffrance générale du corps chez l'hystérique, et plus concrètement le paradoxe de sa vie sexuelle avec l'insatisfaction qui en découle. Il est clair que les deux conceptions possibles du mécanisme de la conversion locale et globale, loin de s'opposer, se complètent étroitement pour rendre compte de la clinique de l'hystérie.

Arrêtons-nous donc et examinons l'autre façon de concevoir le mécanisme conversif. Nous savons que la conversion de l'angoisse de castration donne lieu à un double effet clinique : une excitation affectant l'ensemble du corps d'une façon globale, et une inhibition affectant la région génitale de façon circonscrite. Mais quel est le ressort de cette transformation conversive ? Pour répondre, revenons un instant à la dynamique interne du fantasme inconscient de castration. Qu'y voyons-nous ? Nous y voyons que le corps tout entier, je veux dire toute la tension libidinale du corps fantasmé, se concentre en un seul endroit qui, dans le vocabulaire de l'anatomie médicale, se dénommerait « région génitale », mais qui, dans le fantasme, s'appelle phallus. Certes, nous ne devons pas oublier que les yeux, zone érogène également très investie, accumulent aussi la tension. C'est en effet avec les yeux que l'enfant du fantasme ressent le plaisir et l'horreur de percevoir la castration de la mère. Mais les yeux ne sont qu'un affluent canalisant la libido vers ce noyau central qu'est le phallus. Toute l'énergie est donc là, dans le phallus. Toute l'énergie est ramassée dans ce foyer grouillant de sensations confuses, d'excitations poignantes et d'affects excessifs, foyer d'où rayonnent toutes les forces et où s'occultent toutes les faiblesses nommées angoisse. Mais alors comment cet excès d'énergie inassimilable, toute cette libido phallique, mélange d'amour et d'angoisse soumise à la pression tenace du refoulement, trouvera-t-elle une issue ? Comment le moi pourra-t-il s'en débarrasser, sinon en la détournant du noyau phallique comme on détourne le cours d'un fleuve ?

Le phénomène de la conversion peut en effet se comparer à un mouvement de vases communicants : la libido phallique contenue dans un vase — qui serait le fantasme inconscient de castration — s'écoule dans un autre vase représenté par le corps réel souffrant de l'hystérique. Accumulée jusqu'alors au niveau du phallus fantasmatique, la libido quitte sa source centrale et, progressivement, phallicise le corps réel, c'est-à-dire qu'elle se répand partout dans le corps, à l'exception ponctuelle de la zone dite génitale. Tandis que dans l'inconscient, le corps se condensait en se réduisant à n'être que le phallus, à présent, dans la réalité, c'est tout le corps réel de l'hystérique qui se trouve envahi par le phénomène de phallicisation. Le corps réel devient ainsi un corps souffrant d'être un immense phallus. Le mécanisme de la conversion peut alors se comprendre : il s'agit d'un phénomène de phallicisation du corps non génital, et simultanément, de désaffection du corps génital. Aussi le corps de l'hystérique souffre-t-il d'être un phallus démesuré, encombrant et troué au niveau de la région génitale (voir le schéma suivant).

**Schéma du mécanisme de conversion hystérique qui transforme l'angoisse de castration en souffrance corporelle**

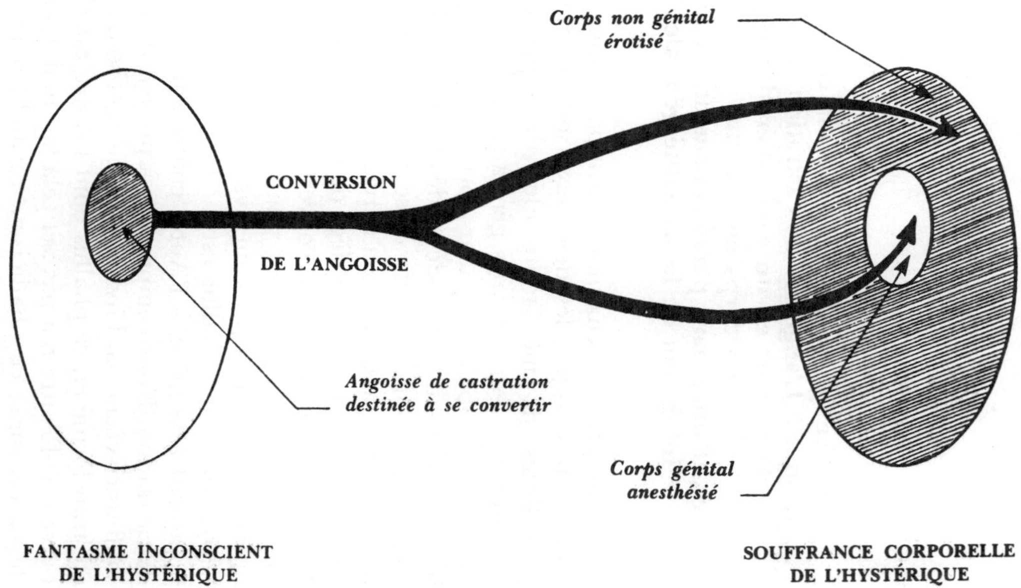

*
* *

## Qu'est-ce qui se convertit dans la conversion hystérique ? L'angoisse de castration se convertit d'une part en un excès d'érotisation du corps non génital et, d'autre part, paradoxalement, en une inhibition de la sexualité génitale

On comprend mieux maintenant pourquoi, dans leur position hystérique, les deux sexes ont les raisons les plus fortes de nier toute idée de rapport sexuel, d'anesthésier leurs organes génitaux et, à l'opposé, de phalliciser globalement leur corps. La zone génitale devient alors un lieu évidé et désaffecté, tandis que le corps non génital s'excite et se dresse tel un phallus puissant, lieu de vénération narcissique, objet de toutes les séductions, mais aussi siège de multiples souffrances. Le corps non génital se convertit en ce phallus que l'hystérique devient : il est phallus. Nous voyons bien qu'avoir le phallus pour un hystérique c'est en réalité l'être. Mais quel phallus est-il ? Celui précisément qui manquait à la mère, à l'Autre châtré dans le fantasme de castration. Nous comprenons à présent d'où vient la souffrance vécue par l'hystérique. Le sujet souffre d'avoir été transformé en ce phallus dont l'Autre est châtré. Il est ce que l'Autre n'a pas ; et cela fait mal. Car ce trop de narcissisme, ce phallicisme répandu dans le corps constitue un tel excès que même s'il procure au sujet le sentiment d'exister, ce sera au prix de la douleur d'être constamment en proie aux sollicitations du plus anodin des stimuli provenant du monde extérieur. Un bruissement léger, un banal frôlement de tissu, la moindre inflexion d'une voix ou un simple regard sont captés par l'hystérique-phallus comme des stimulations sexuelles sans cesse renouvelées. A la manière d'un sexe qui s'épuise à vouloir répondre aux excitations, mais sans jamais se décharger, l'hystérique reste libidinalement déréglé : il est un corps-phallus qui souffre du trop de narcissisme et du rien de génitalité. Il vit sa sexualité partout dans le corps, sauf là où il faudrait la vivre. Il renonce à la jouissance de pénétration et ignore la sexualité génitale. Pénétrer la femme pour un homme hystérique, ou pour une femme être pénétrée, signifie inconsciemment mettre en péril cette partie fantasmatiquement surinvestie, le phallus, qui, s'il était atteint, entraînerait la désintégration totale du corps. Un homme hystérique, surpris par son impuissance au moment où il est sur le point de pénétrer la femme désirée, réactualise sans le savoir son fantasme inconscient d'enfant angoissé à la vue du corps châtré de la mère, perçu comme un corps désirant, donc dangereux. L'angoisse de castration se convertit ici en inhibition sexuelle, suivie de l'insatisfaction qui naturellement en découle ; insatisfaction — répétons-le — qui le protège et à laquelle il tient.

Résumons en un schéma le mouvement allant du fantasme visuel de castration à la conversion hystérique.

**Résumons en un schéma le mouvement allant du fantasme visuel de castration à la conversion hystérique**

L'enfant, comme tout le monde, a un phallus →

*Fantasme hystérique*

Angoisse de castration devant la menace que signifie la vision de la mère châtrée →

Le monde, divisé alors entre ceux qui ont le phallus et ceux qui ne l'ont pas, est un monde angoissant parce qu'il représente pour l'hystérique la menace de perdre son phallus

→ L'hystérique transfère l'angoisse de castration sur le corps non génital, et anesthésie le corps génital →

C'est ainsi que, pour préserver son phallus, il l'est devenu. Il est un corps-phallus avec un trou à l'endroit de la zone génitale

→ autrement dit →

L'angoisse de castration se convertit en un corps qui souffre d'un trop de narcissisme (érotisation excessive) et d'un rien de génitalité (inhibition sexuelle)

# L'UTERUS DANS L'HYSTERIE : UN FANTASME FONDAMENTAL

*Chez les femmes, ce qu'on appelle matrice ou utérus est un animal au-dedans d'elles, qui a l'appétit de faire des enfants ; et lorsqu'il reste un long temps sans fruit, cet animal s'impatiente et supporte mal cet état ; il erre partout dans le corps, il obstrue les passages du souffle, il interdit la respiration, il jette en des angoisses extrêmes et provoque d'autres maladies de toutes sortes.*

Platon, *Timée*

Notre pratique nous montre que le fantasme de castration à la base de l'hystérie s'accompagne toujours d'un autre fantasme à l'horizon de l'univers hystérique, un fantasme si important que nous l'appelons fantasme fondamental. Quel est son contenu ? La scène est très simple et se résume à ceci : un homme et une femme dont les corps sont enlacés conçoivent un enfant hors de toute pénétration génitale. L'hystérique serait non seulement l'artisan et l'acteur de ce rêve, jouant aussi bien le rôle de la Vierge Immaculée que celui du Père tout-puissant, mais il serait aussi et surtout le lieu contenant cette rencontre procréatrice et divine. Qu'il incarne le lit, la maison ou le sol de la terre abritant les deux corps mystiques, ou qu'il soit le lieu matriciel abritant le couple germinal, l'hystérique se fait le lieu protecteur de leur union sublime. Voilà le fantasme fondamental qui traverse comme un fil rouge toute son existence.

De ce fantasme, une identification reste primordiale : incarner l'utérus, organe matriciel en creux, qui contient la rencontre réelle où se génère la vie. Tout se passe comme si l'hystérique s'identifiait à l'utérus suivant les deux statuts que cet organe prend dans ses rêves. Dans le fantasme de castration, il est l'organe menacé de mutilation lors de la pénétration sexuelle ; et dans le fantasme fondamental, il est le réceptacle idéal qui loge la rencontre heureuse et divine d'un homme et d'une femme sans sexe. Il y a donc deux sortes d'utérus-phallus auxquels s'identifie l'hystérique. Ou bien il est cet utérus, organe interne à préserver et à ne jamais exposer ; ou bien il est l'utérus assimilé au corps de l'hystérique lui-même, considéré comme un réceptacle renfermant deux corps enlacés, ceux d'un homme et d'une femme sans sexe. Un utérus contenu dans un corps et à la fois un utérus contenant deux corps, nous sommes ici obligé d'opérer une torsion de la pensée pour comprendre ces identifications croisées de l'hystérique. Identifications croisées entre un dedans et un dehors qui éveillent en nous cette autre intuition très différente de l'intuition habituelle : l'intuition topologique [9].

On dit souvent, et avec raison, que les hystériques sont des êtres bisexuels. En effet, dans un univers où l'opposition des sexes n'existe pas, et où la femme se confond avec l'homme, ils glissent aisément du rôle masculin au rôle féminin, et vice versa. Or, nous devrions aller plus loin et affirmer qu'ils sont autre chose que des bisexuels ; étant hors du sexe, ils sont *hors-sexuels*. Non seulement ils ignorent la différence des sexes, mais ils incarnent la limite, le cadre neutre et extérieur contenant une union sexuelle procréatrice et sans pénétration.

Encore une remarque. Que nous reconnaissions l'hystérique comme bisexuel ou hors-sexuel, le fait essentiel demeure : il ignore s'il est un homme ou unc femme. L'hystérique est hystérique parce qu'il n'a pas réussi à faire sien le sexe de son corps. En ce sens, nous ne suivrons pas les auteurs qui depuis Charcot ont affirmé l'existence d'une supposée hystérie masculine différente d'une hystérie féminine. Nous ne pouvons pas confirmer leurs assertions pour la simple raison que le problème de l'hystérie réside précisément dans l'impossibilité d'assumer psychiquement un sexe défini. L'expression « hystérie masculine » est en soi une contradiction dans les termes, car le substantif *hystérie* signifie incertitude sexuelle (ni homme, ni femme), tandis que l'adjectif *masculine* tranche au contraire et choisit là où le choix s'avère impossible.

*

*  *

# LA DIFFERENCE ENTRE LES FANTASMES HYSTERIQUE, OBSESSIONNEL ET PHOBIQUE

## L'angoisse de castration qui est au centre du fantasme de l'hystérie est aussi au centre des fantasmes obsessionnel et phobique

Pour mieux cerner nos propos sur l'hystérie, nous devons faire ici une digression. De la même manière que nous avons reconnu un fantasme originaire de castration dans l'hystérie, nous pouvons également dégager un fantasme inconscient fondateur de la névrose obsessionnelle et un autre, fondateur de la névrose phobique. Ces derniers fantasmes ne sont en vérité que deux versions dérivées du fantasme hystérique considéré comme étant à la base de toutes les névroses. Le scénario du fantasme obsessionnel et celui du fantasme phobique se déroulent, chacun à sa façon, suivant le même drame de l'épreuve de la castration, mais surtout sous la même tension d'angoisse que dans le fantasme hystérique. Décrivons ces deux scénarios, celui du fantasme obsessionnel et celui du fantasme phobique.

### *Le fantasme de l'obsessionnel*

L'instantané de la scène du fantasme obsessionnel peut se représenter ainsi :

Un enfant, pris d'un désir incestueux pour la mère, est saisi d'angoisse (angoisse de castration) en entendant la voix interdictrice du père qui lui défend d'accomplir ce désir sous peine de le châtrer. La zone érogène autour de laquelle s'organise le fantasme obsessionnel est l'ouïe qui vibre, souffre et jouit d'avoir entendu la voix impérieuse du père.

Bien évidemment, ce fantasme, comme tous les fantasmes dont nous parlons, est inconscient en tant que soumis à la pression du refoulement. Souvenons-nous que la névrose obsessionnelle, c'est-à-dire la souffrance qu'éprouve consciemment et dans ses symptômes le sujet obsessionnel, est l'expression douloureuse du combat du moi pour refouler, nier et déplacer l'angoisse de castration contenue dans ce fantasme.

### *Le fantasme du phobique*

Le scénario de la phobie est plus compliqué. Pour comprendre l'instantané du fantasme phobique, rappelons au préalable que l'angoisse de castration est ici suscitée par le désir de l'enfant à l'égard essentiellement de son père et non plus exclusivement à l'égard de sa mère, comme c'était le cas dans les névroses obsessionnelle et hystérique. C'est bien le père qui est au centre de la phobie, d'abord comme objet d'un désir de mort (désir parricide), et ensuite comme objet d'un désir d'amour. Le père est le personnage principal dans la phobie, même si, comme pour toute névrose, le désir incestueux pour la mère reste le point de départ.

Résumons schématiquement, à la manière d'une chaîne d'événements, la séquence du fantasme phobique :

Désir incestueux pour la mère → Interdiction proférée par le père de réaliser ce désir → Haine contre ce père interdicteur (désir parricide) → La haine suscite l'angoisse de la punition (castration) → Pour tempérer l'angoisse, l'enfant refoule sa haine à l'encontre du père interdicteur → A la place de la haine refoulée, apparition de l'affect opposé : amour pour le père

→ Or cet amour réveille une autre forme de l'angoisse intolérable de castration : *angoisse de montrer et dire l'amour pour le père. Crainte de dépendre du père, d'y être trop soumis, d'être féminisé, c'est-à-dire abusé, voire sodomisé par le père aimé*

→ L'angoisse de castration réveillée par l'amour envers le père est rejetée et projetée sur le monde extérieur → Cette angoisse ainsi expulsée au-dehors se fixe sur un objet du monde environnant (foule, espace clos, pont, animal, etc.), devenu dès lors l'objet menaçant que le phobique devra fuir pour éviter d'être envahi par une peur consciente plus tolérable que ne l'est l'angoisse inconsciente de castration.

Si de cette succession d'événements, nous voulions extraire le moment culminant du fantasme phobique, nous en retiendrions le maillon où l'enfant, aux prises avec son désir d'amour filial pour le père, vit l'angoisse d'être étouffé par ce père aimé. La zone érogène autour de laquelle s'organise le fantasme de la phobie ne se limite pas à une région localisée du corps, mais s'étend à l'ensemble des tissus musculaires. La zone érogène dans la phobie, ce sont les muscles qui régissent les orifices en les contractant ou en les dilatant (relâchement ou crispation de l'anus, de la bouche, de l'œil, de l'appareil digestif ou pulmonaire, etc.). Rappelons qu'à l'instar des autres névroses, la souffrance vécue par le phobique est l'expression douloureuse du combat du moi pour projeter au-dehors l'angoisse de castration contenue dans son fantasme [10]. En fait, le phobique est celui qui installe son angoisse de castration sur la scène du monde afin de la repérer, la contrôler et l'éviter grâce aux déplacements moteurs de son corps.

En regroupant en une seule formule les trois fantasmes fondateurs des grandes névroses, nous dirons :

• Dans le *fantasme obsessionnel*, la menace de castration entre par l'oreille, et l'angoisse qui en résulte, inconsciente parce que soumise au refoulement, finit par se déplacer dans la pensée et se fixer sur une idée anodine (idée fixe).

• Dans le *fantasme phobique*, la menace de castration entre par les orifices de tout le corps, qu'ils soient crispés ou relâchés, et l'angoisse qui en résulte, inconsciente parce que soumise au refoulement, finit par être projetée, installée et repérée dans l'espace du monde extérieur.

• Dans le *fantasme hystérique*, la menace de castration entre par les yeux, et l'angoisse qui en résulte, inconsciente parce que soumise au refoulement, finit par se convertir en souffrance de la vie sexuelle de l'hystérique, consistant en une érotisation générale du corps, accompagnée paradoxalement d'une inhibition localisée au niveau de la zone génitale.

Ajoutons ici une remarque importante. Le fantasme de castration que nous posons à la base des névroses est aussi le fantasme que tout être parlant, névrosé ou non, a dû nécessairement rencontrer et dépasser, et plus encore ne cessera de rencontrer et de dépasser. La spécificité de ce fantasme dans le cas particulier des névroses consiste dans la force avec laquelle il domine la vie du névrosé ; cette vie est entièrement organisée en fonction de l'angoisse de castration, noyau du fantasme. Il est clair que notre écrit est une longue démonstration de la détermination de la névrose par ce fantasme.

*

*   *

## *Résumé*

Résumons en une suite de cinq propositions la genèse fantasmatique de l'hystérie. Mais auparavant, je voudrais déjà souligner nettement le troisième maillon de l'enchaînement que nous allons décrire, celui que nous tenons pour le chaînon principal.

Jusqu'ici nous avons tellement insisté sur le fantasme de castration comme étant la cause de l'hystérie, que le lecteur a peut-être perdu de vue les propos des premières pages. Le fantasme angoissant de castration qui domine la vie psychique de l'hystérique est certes la source et le motif de la souffrance du névrosé, mais il est aussi et surtout un écran protecteur, une défense sûre contre toute approche éventuelle de la jouissance maximale. Tout se passe comme si l'hystérique préférait être malade d'un fantasme angoissant qu'affronter ce qu'il craint comme le danger absolu : jouir. Telle est donc la proposition à mes yeux décisive pour comprendre ce qu'est l'hystérie, et orienter l'écoute du praticien psychanalyste.

Ce point capital étant rappelé, venons-en maintenant aux cinq propositions de synthèse :

• Jouir constitue pour l'hystérique une limite ultime et dangereuse qui, une fois franchie, le ferait sombrer inévitablement dans la folie, éclater et se dissoudre dans le néant.

• Face à ce danger de la jouissance, l'hystérique oppose alors un refus tenace de jouir.

• Pour se tenir à l'écart de la jouissance et persister dans son refus, l'hystérique invente inconsciemment un fantasme protecteur : le fantasme angoissant de castration. Avec ce fantasme, il crée une menace fictive, la menace de perdre sa force phallique, pour oublier une autre menace tout aussi fictive mais plus obscure, indéfinie et beaucoup plus terrible, celle de succomber à la jouissance. Il s'angoisse devant une castration qu'il veut possible pour ne pas disparaître devant une jouissance insoutenable. Le refus de la jouissance se transforme dans le fantasme en angoisse de castration. Et l'objet menacé n'est pas tout l'être mais le phallus. Nous verrons dans le chapitre consacré au traitement psychanalytique de l'hystérie, que ce rejet de la jouissance se traduit dans une cure d'analyse par le refus de traverser l'épreuve du fantasme angoissant de castration. Nous y reviendrons.

• Or, certes le fantasme sauve et protège l'hystérique de la jouissance, mais il le plonge dans une souffrance corporelle (symptômes somatiques), sexuelle (paradoxe de la vie sexuelle) et relationnelle (désir d'insatisfaction). L'angoisse de castration se transforme par conversion en symptômes du corps, en dérèglement de la sexualité et en douleur d'insatisfaction.

• Le fantasme de castration sauve et protège l'hystérique de la jouissance, mais il le perturbe dans sa manière de percevoir les êtres qu'il aime et qu'il hait. A la façon d'une lentille déformante, le fantasme de castration plonge le névrosé dans un monde où la force et la faiblesse décident exclusivement de l'amour et de la haine. J'aimerai ou haïrai mon partenaire suivant la perception de sa force ou de sa faiblesse phallique. Aussi les relations affectives de l'hystérique se transforment-elles inévitablement en relations de dominant et de dominé.

En somme, la logique de la genèse de l'hystérie se résume en ceci : le désir ouvre sur la jouissance, la jouissance suscite le fantasme, le fantasme contient l'angoisse, et l'angoisse enfin se transforme en souffrance.

*

* *

# PORTRAITS IMAGINAIRES DE L'HYSTERIQUE

L'analysant, allongé sur le divan, parle, je l'écoute, et spontanément se forme en moi une figure qui condense trois facteurs conjugués : l'abstraction de la théorie, le désir du transfert et l'histoire du sujet.

En effet, à l'écoute des patients, certaines images s'imposent au praticien. Ce sont des images qui traduisent de façon figurée les éléments principaux de la théorie psychanalytique et que le praticien pourra éventuellement reconnaître au cours de son travail. Ces images, véritables mises en scène de thèses théoriques, fonctionnent comme les déclencheurs d'une intervention analytique, en général appropriée et opportune. Le psychanalyste se servirait ainsi de ces images pour opérer la métamorphose de l'abstrait vers le perceptible, et avancer son interprétation. Tout se passe comme si le praticien, au lieu de se demander : « Comment intervenir ? Que dire au patient ? », s'interrogeait : « Que dois-je fantasmer ? Avec quelle image forgée par la théorie mais surgie dans le silence de mon écoute, dois-je travailler ? » Justement, posons-nous la question. Quels portraits imaginaires s'ébauchent dans la tête du psychanalyste lorsqu'il écoute activement son patient hystérique ou le patient en phase d'hystérisation transférentielle ?

*

En écoutant un patient hystérique, notamment un homme, imaginons-le comme un petit garçon effarouché, recroquevillé dans un coin de la pièce, les yeux grands ouverts et se protégeant la tête de ses mains comme pour parer la violence d'un éventuel châtiment.

*

En écoutant un patient hystérique, notamment une femme, pensez au père. Faites l'effort d'imaginer que ce n'est pas une femme qui vous parle, mais le père qui est à l'intérieur d'elle, un père endolori et à la voix lointaine. L'imagination du psychanalyste pourrait se mobiliser jusqu'à enfanter cette chimère bizarre, composée d'une petite fille dont le visage, le temps d'un regard, aurait pris les traits du visage du père. Une petite fille dont le sexe, comme celui de la poupée de porcelaine, ne serait qu'une surface lisse, marmoréenne et sans pli.

Si nous pensons maintenant à l'allure du corps de cette patiente, ou aux gestes de sa main, ne sont-ils pas comme l'émanation en elle de la présence vivante du père ? Présence vivante même et surtout si le père est mort ou semble un personnage effacé dans sa vie.

*

En écoutant notre patient, imaginons que son corps abrite le couple d'un homme et d'une femme aux corps transparents, enlacés comme deux personnages de rêve, dans une étreinte sans pénétration ni érotisme.

*

*

En écoutant un patient hystérique, souvenons-nous qu'il souffre de ne pas savoir qui il est, de ne pas pouvoir arrêter, ne fût-ce qu'un instant, l'insoutenable défilé des figures qui l'habitent et sous lesquelles il ne peut éviter de s'offrir aux autres.

*

En écoutant un patient hystérique, imaginons que son monde — dont nous faisons partie — est peuplé d'êtres forts et inaccessibles, et d'êtres faibles et pitoyables. Il repousse les puissants et cependant les guette à l'affût de leur moindre faiblesse, de la plus légère souffrance, de la plus infime fatigue. Il repousse par mépris les impuissants parce qu'ils sont faits à son image, et cependant il les appelle avec la compassion de celui qui veut panser les blessures.

*

* *

*

* *

## Le psychanalyste écoute son analysant en se représentant mentalement le fantasme de castration

Avec ces portraits imaginaires de l'hystérique nous nous sommes installés dans l'espace psychique du psychanalyste. Mais une question se pose maintenant : ces images surgies spontanément chez le praticien lors de l'écoute, quel rapport ont-elles avec la scène centrale du fantasme de castration ? Comment le fantasme de castration intervient-il dans le travail concret du psychanalyste avec ses patients ?

D'abord un préalable. Les scènes que nous avons décrites dans les chapitres précédents pour exposer les fantasmes masculin et féminin de castration, les variantes obsessionnelle et phobique, ainsi que le fantasme de l'utérus, ne correspondent absolument pas à des faits réellement survenus. La scène du fantasme de castration n'est pas un fait réel, et peu de ses détails trouveront confirmation par exemple dans le comportement observable d'un enfant face à la nudité d'une femme adulte et aimée. Une telle scène ne correspond pas non plus à la narration imagée que l'un de nos patients aurait pu tenir en séance. Rares sont les occasions où le praticien entend le récit d'une telle séquence fantasmatique. Mais alors d'où tirons-nous cette histoire de la castration, qui n'est ni un fait réel ni un récit que nous aurions entendu ? Il faut que nous soyons extrêmement clair. Les courtes scènes que nous avons montrées et encadrées dans notre texte, comme on encadre des photos, ne sont que les épures abstraites d'un scénario fantasmatique, conçu et inventé par la psychanalyse pour rendre compte de la clinique et de la pratique avec des patients hystériques, et plus généralement avec des névrosés. Mais alors, s'agit-il d'une rêverie capricieuse du psychanalyste ? De quoi s'autorise le psychanalyste, et à l'origine Freud lui-même, pour construire un tel fantasme, le supposer aux fondements de la souffrance hystérique et affirmer comme nous l'avons fait, que ce fantasme est l'œuvre inconsciente du sujet lui-même ?

La légitimité du fantasme de castration est double : théorique et pratique. Légitimité théorique, parce que le scénario de la castration tel que nous l'avons décrit reste rigoureusement cohérent avec l'ensemble de l'édifice conceptuel de la psychanalyse. Le concept de castration reste une des notions les plus solidement ancrées dans le sol de la théorie. Mais légitimité pratique surtout, parce que ce scénario, malgré son cliché apparemment vieilli d'une image d'Épinal, se renouvelle sans cesse en une infinité de variantes imaginaires qui se succèdent dans le chemin de la cure. Une infinité d'images qui se vérifient continuellement dans le travail avec nos patients comme les expressions fidèles du fantasme de castration à l'origine de leur souffrance.

Or, concrètement, que veut dire que l'épure abstraite du scénario de la castration, ainsi que ses images dérivées, se vérifient dans le travail avec nos patients ? Cela signifie d'abord que lorsqu'un analysant nous parle et nous fait part de ses conflits et de ses plaintes, nous commençons par comprendre l'origine inconsciente de sa souffrance à partir, certes, de notre place dans le transfert, mais aussi en nous représentant mentalement l'épure de la scène fantasmatique que nous propose la théorie. Entendons-nous bien, c'est nous, les psychanalystes qui, dans le silence de l'écoute, imaginons mentalement sous la forme d'une scène, l'origine de la souffrance éprouvée par le névrosé. A la manière d'un filtre théorique placé entre l'oreille et la bouche du psychanalyste, entre ce qu'il écoute et ce qu'il dit, le scénario de la castration s'avère ainsi comme un remarquable instrument mental dans le travail du praticien.

Nous devons néanmoins formuler ici deux réserves importantes. D'abord, la scène imagée que nous nous représentons mentalement pendant que l'analysant nous parle ne reproduit jamais telle quelle l'épure du fantasme de castration établie par la théorie et que nous avons décrite, mais l'une de ses infinies variantes, celle particulière à un moment précis de la séance. Ensuite, deuxième réserve, il s'agit d'images non pas voulues par le psychanalyste, mais s'imposant spontanément à lui, lors de son écoute active.

Mais comment alors à partir de ces images le psychanalyste intervient-il ? quand le praticien rompt le silence de son écoute et intervient, son intervention doit être considérée comme la mise en mots de la scène fantasmatique qui se déroulait mentalement en lui et qui, sous une forme imagée, exprimait l'origine inconsciente de la souffrance vécue par son patient. Bien entendu, cette mise en mots n'est jamais une simple description des détails ou du contenu de la scène imagée. Le psychanalyste garde l'image en silence et ne dit à son analysant que les mots avec lesquels il traduit la signification de la scène. La séquence pourrait se décomposer ainsi : fantasme inconscient chez le patient → souffrance vécue par le patient → mots du patient en séance → *en écoutant ces mots, le psychanalyste voit surgir spontanément en lui une scène imagée* → traduction mentale et silencieuse par le psychanalyste de la scène considérée comme l'expression imagée du fantasme de castration, cause de la souffrance du patient → communication à l'analysant du résultat de cette traduction intérieure. C'est là que nous attendons la réaction de l'analysant à notre intervention, et qu'en la recevant, nous saurons confirmer après coup la valeur de l'épure théorique du fantasme de castration. C'est donc dans l'exercice de l'écoute que l'on pourra confirmer cette épure comme une fiction féconde de la théorie analytique.

## Le psychanalyste regarde ce qu'il écoute

Mais pourrions-nous mieux cerner la place de cette écoute visuelle dans la cure ? Comment conceptualiser la fonction de l'image dans le travail du psychanalyste ? Aux diverses variantes de l'action psychanalytique que sont le silence, les interventions explicatives et l'interprétation, nous devons maintenant ajouter cette quatrième figure qu'est l'écoute visuelle. On peut vérifier dans la pratique que certaines interventions psychanalytiques, aussi rares que l'interprétation, sont en effet liées à un état de vision transitoire et fugace vécu par le psychanalyste. Il ne s'agit plus ici du silence qui prépare un mot interprétatif, ni de la reconstruction d'éléments de l'histoire du patient qui précède une intervention explicative, mais bien d'une disposition subjective du praticien extrêmement particulière. L'écoute est si polarisée sur le dire du patient que l'analyste non seulement oublie son moi, mais *regarde ce qu'il écoute.* Essayons de mieux décrire ce phénomène d'une écoute devenue vision.

Lorsqu'il arrive que le psychanalyste perçoive visuellement ce qu'il entend, nous pouvons supposer que s'est opérée une singulière identification entre l'analyste lui-même et la matérialité sonore des mots prononcés par l'analysant. Pour que l'analyste regarde ce qu'il écoute, il a fallu qu'il soit la voix de l'énoncé qu'il entend ; et même plus que la voix, il a fallu qu'il soit la sonorité physique de la parole parlée. Comme si la personne du psychanalyste se déplaçait, à la manière d'un objet érogène, à travers trois zones du corps : l'ouïe, la bouche et les yeux. Si nous schématisons la séquence de ce curieux déplacement, nous obtiendrons : d'abord, l'analyste écoute → puis en écoutant, il oublie son moi → ensuite, il devient la matérialité sonore des mots prononcés → et enfin, il perçoit visuellement l'origine inconsciente de ce qu'il entend. Bref, pour regarder dans l'inconscient, il a fallu qu'il soit ce qu'il entend. La séquence se complique si, en toute rigueur, nous ajoutons que regarder signifie pour un sujet être l'objet qu'il regarde. Il faudrait résumer alors en disant : pour regarder, c'est-à-dire être ce qu'il voit, il a fallu qu'il soit ce qu'il entend. Bien entendu, cette gradation d'une écoute transformée en regard n'est qu'un artifice explicatif pour faire comprendre le processus d'une expérience qui, dans la pratique, se donne de façon condensée et compacte. Il est clair aussi que présenter cet artifice a un avantage autre qu'explicatif. Mon but, en établissant cette gradation comme une séquence qui va de l'écoute au regard, est de poser quelques jalons d'une recherche théorique qui doit se poursuivre.

Dans un texte consacré au transfert [11], j'avais défini l'interprétation comme un retour chez le psychanalyste du refoulé inconscient de l'analysant. De même que l'interprétation, le regard mental de l'analyste peut être considéré comme le retour chez le psychanalyste du refoulé inconscient de l'analysant. L'interprétation et le regard seraient ainsi deux modes de retour du refoulé qui se différencient en ce que le premier est fondamentalement un mode symbolique de retour — l'interprétation consiste en un dire symbolique —, tandis que le second est fondamentalement un mode fantasmatique de retour. En toute rigueur je devrais dire que le regard survenu chez le psychanalyste pendant qu'il écoute réalise un unique désir, celui de la relation analytique elle-même ou, si l'on préfère, celui du transfert inconscient. Bref, *l'analyste regarde ce que le patient désire.*

Une très belle phrase de Nietzsche évoque au plus près la disposition visuelle de l'analyste dans le travail de l'écoute : « Il faut attendre et se préparer, épier le jaillissement des sources nouvelles, se tenir prêt dans la solitude pour des visions et des voix étrangères, retrouver en soi le Midi, étendre à nouveau au-dessus de soi la clarté, le rayonnement et le mystère du ciel de Midi. »

*

*   *

# LE TRAITEMENT PSYCHANALYTIQUE DE L'HYSTERIE ET LA FIN DE L'ANALYSE

# Le traitement de l'hystérie consiste à conduire l'analysant à traverser avec succès l'épreuve de l'angoisse de castration

*L'hystérique est l'enfant magnifique*
*qui seul, aux portes de l'épreuve décisive,*
*prêt à la traverser, nous dirait :*

*J'affronterai mon angoisse en la laissant passer sur moi, au travers de moi. Et lorsque grâce à un mot, un silence ou un cri, l'angoisse sera passée, je tournerai mon regard intérieur sur son sillage. Et là où elle sera passée, il n'y aura plus rien. Rien que moi devenu pli d'une cicatrice, élan d'une nouvelle naissance.*

Nous allons maintenant aborder le problème du traitement psychanalytique de l'hystérie. J'ai déjà considéré partiellement ce problème en examinant le symptôme de conversion, et défini alors la qualité d'écoute nécessaire au psychanalyste pour travailler avec un patient hystérique. A présent le moment est venu de penser autrement l'action psychanalytique et de cerner le fait majeur qui doit se produire dans une cure analytique pour délivrer le névrosé de sa souffrance. Plutôt que de développer les différents aspects techniques de la thérapeutique de l'hystérie, je préfère me consacrer exclusivement à démontrer comment un analysant, qu'il soit ou non hystérique, parvient à surmonter cette autre hystérie qu'est l'analyse elle-même. En effet, la cure reproduit la maladie qu'elle doit traiter. Aussi l'analyse constitue-t-elle purement et simplement une hystérie artificielle que l'analysant et l'analyste devront ensemble résoudre. Par conséquent, la meilleure approche que nous aurons pour comprendre l'essentiel du traitement psychanalytique de l'hystérie sera d'examiner précisément le fait majeur de la résolution de cette hystérie de transfert. Mais de quel fait majeur s'agit-il ?

A un moment avancé de la cure, au point culminant de la névrose de transfert, le patient se trouve devant l'alternative d'accepter ou refuser de traverser ce que nous appelons l'épreuve de l'angoisse de castration. Précisons tout de suite que l'engagement de l'analysant dans l'une des deux options, acceptation ou refus, ne résulte pas d'un choix conscient et délibéré, mais d'un état subjectif inconscient. Un état très particulier, fruit d'une longue période préparatoire pendant laquelle le psychanalyste et le patient lui-même ont créé les conditions pour que ce dernier s'approche de plus en plus intensément de l'épreuve finale. Nous disons épreuve finale non pas parce qu'elle a lieu lors des dernières séances d'une cure (nous verrons au contraire qu'elle se situe à l'apogée même de l'analyse), mais parce que l'enjeu est si essentiel que l'issue de cette épreuve décidera de la fin de la cure et de la guérison du sujet. En effet, si cette passe est réalisée, nous serons fondé à croire que la cure ira jusqu'à son terme et que la souffrance névrotique pourra enfin s'apaiser. Aussi pourrons-nous identifier l'épreuve de l'angoisse de castration avec la fin de l'analyse, comprise non pas au sens temporel, mais comme le dénouement décisif de la névrose de transfert. Si l'épreuve n'a pu être réalisée, la névrose de transfert reste suspendue, et la fin de la cure non accomplie. En un mot, la façon dont le névrosé termine son analyse décide de sa guérison. Précisément, nous avons la conviction que l'analyse est un long effort pour aboutir à la seule expérience qui compte véritablement : l'expérience de l'angoisse. Comme si tout le chemin analytique n'était qu'une lente préparation destinée à atteindre ce point terminal. Quelle est cette expérience ? En quoi consiste l'épreuve si décisive ? L'ensemble de ce chapitre est une tentative de répondre à cette question.

*

## Dans une cure, l'analysant se sépare deux fois : d'abord de lui-même, puis de son analyste

Mais avançons d'ores et déjà une distinction préliminaire. Il y a deux sortes de séparations : l'une qui correspond à la fin de la relation analyste/patient et qui se conclut lors de la dernière séance ; la relation analytique se termine, même s'il peut arriver que l'ex-analysant rencontre son ancien analyste dans diverses circonstances sociales ou professionnelles, hors du cadre analytique. Donc, première séparation : c'est la séparation du dernier jour, le jour de l'adieu à la relation analytique [12]. L'autre séparation, très différente de cet au revoir final entre analysant et analyste, consiste, elle aussi, en un détachement, mais un détachement très particulier qui opère dans l'espace intrapsychique de l'analysant lui-même, et qui a lieu bien en deçà et au-delà de la dernière séance. Cette séparation, que nous devons plutôt considérer comme une autoséparation, est en vérité la coupure d'une partie de soi-même. Elle ne survient pas d'un seul coup, mais s'engendre lentement et progressivement, à partir de la traversée d'une épreuve singulière, et se poursuit indéfiniment bien au-delà du jour final.

Je vous demande donc d'accepter cette distinction préalable : une chose est la séparation temporelle à laquelle nous pensons tous, celle de l'arrêt de la relation analytique ; une autre est la séparation hors le temps, à concevoir non comme un événement momentané, mais comme un long processus qui s'inaugure avec l'expérience d'une épreuve douloureuse au point culminant de l'analyse, et se poursuit comme un travail de deuil qui dépasse largement, dans le temps, le dernier jour du divan. Nous avons donc deux séparations, l'une événementielle et datable, celle de la dernière séance ; l'autre inconsciente, qui prend naissance au cœur de l'analyse, s'élabore lentement et se déploie au-delà de la cure.

Vous voyez qu'en distinguant deux sortes de séparations, nous différencions implicitement deux registres distincts de la cure. Le premier registre, temporel, est celui où la cure se déroule chronologiquement en trois phases qui ponctuent l'évolution de la névrose de transfert. Une *phase initiale* dans laquelle l'hystérie de transfert se met progressivement en place. Une *phase médiane* caractérisée par un état de crise aiguë chez l'analysant, et qui marque le point d'exacerbation paroxystique de la névrose transférentielle. C'est juste le moment où se produit ce fait majeur de la cure qui est la confrontation de l'analysant avec l'épreuve de l'angoisse. Une dernière phase, enfin, la *phase finale*, où s'élaborent le deuil et le processus d'autoséparation issus de l'épreuve. Précisons que cette troisième phase est confirmée en tant que telle à partir du moment où le psychanalyste et l'analysant s'accordent pour conclure, dans une fin prochaine, leur travail commun d'analyse. Accord qui peut revêtir différentes formes plus ou moins explicites ou tacites, directes ou indirectes.

Le second registre de la cure est celui du processus psychique de l'analyse. Il se déroule dans un temps illimité — illimité mais, nous le verrons, également cyclique —, qui s'étend dès le premier germe de l'idée de consulter un psychanalyste et s'éloigne après l'analyse, dans un ailleurs inconnu. C'est dans ce registre précisément que s'inscrit l'autoséparation psychique dont nous parlions.

Or, la manière avec laquelle l'analysant prendra congé de son analyse et de son analyste dépend directement des modalités avec lesquelles ce même analysant a surmonté l'épreuve singulière et opéré son autoséparation. Si la cure s'interrompt de façon abrupte ou s'éternise dans une impasse, nous déduirons sans risque de nous tromper que l'épreuve n'a pas été réussie, que le processus d'autoséparation ne s'est pas produit et que, par conséquent, il n'y a pas eu d'analyse achevée. Il n'y a pas eu d'analyse achevée parce que l'essentiel d'une analyse, c'est-à-dire cette épreuve douloureuse dont la traversée rend possible le travail d'autoséparation, n'a pas eu lieu. En observant donc comment l'analysant quitte son analyste, nous saurons si le franchissement du seuil de l'épreuve, et son effet de séparation intrapsychique, a été ou non véritablement accompli. Bien entendu, cette position que je formule de façon si tranchée reste nécessairement idéale et doit être considérée comme un repère fécond pour notre travail clinique, plutôt qu'une loi impérative.

*

* *

## L'hystérie de transfert. Les conditions qui amènent l'analysant aux portes de l'épreuve de l'angoisse

Venons-en maintenant à cette épreuve qui nous semble à tel point essentielle qu'une fois dépassée, nous verrons l'autoséparation s'opérer, la névrose transférentielle se résoudre, et la fin concrète de la relation analytique en découler tout naturellement. Quelle est cette épreuve ? En quoi consiste-t-elle exactement ? Nous l'avions définie dans un autre travail comme « la séquence douloureuse du transfert » [13]. Lacan l'a nommée diversement, parfois il l'a appelée « traversée du fantasme », à d'autres occasions « franchissement du plan d'identification ». Mais avant de l'examiner en détail, rappelons d'abord les conditions qui entourent cette épreuve.

Il s'agit avant tout de l'épreuve d'une angoisse, car c'est autour de l'angoisse que se joue le dénouement de cette passe. Expliquons-nous. Nous partons d'une prémisse déjà bien établie. La souffrance névrotique qui a conduit le patient hystérique à entrer en analyse est l'expression douloureuse d'une mauvaise défense — le refoulement et la conversion — que le moi emploie pour endiguer l'angoisse du fantasme inconscient de castration. Une telle angoisse est intolérable, et pour s'en défaire l'hystérique n'a pas trouvé d'autres solutions que de la transférer en souffrances corporelles, ou plus généralement en souffrances névrotiques. Nous avons vu combien le mécanisme de conversion qui transforme l'insupportable angoisse de castration en corps-phallus est une mauvaise solution pour contourner l'angoisse. Grâce à la conversion, l'excès d'angoisse a peut-être été réduit dans l'inconscient, mais il s'est transformé maintenant en cet autre excès, celui de l'érotisation/inhibition douloureuse du corps. A un excès intolérable dans l'inconscient s'est substitué un autre excès pénible dans le corps. Y aurait-il alors une meilleure position, autre chose qu'une défense pour déjouer l'angoisse ? C'est bien à cette question qu'essaie de répondre le traitement analytique des névroses compris comme la réactualisation au moyen du transfert, du fantasme de castration.

> Dans une analyse, il s'agit en effet de revenir au point de départ, je veux dire au point d'origine fantasmatique de la névrose, et de reproduire au sein de la cure la même situation de danger qui, dans l'inconscient, provoque l'angoisse. En un mot, créer l'angoisse pour la résoudre ; il s'agit d'instituer une nouvelle névrose, une hystérie de transfert, et tenter alors de trouver une meilleure issue que celle de la conversion. Cette autre issue vers laquelle tout le travail analytique doit s'orienter se condense en une formule : *traverser l'angoisse.* Le psychanalyste vise à créer les conditions pour que l'analysant affronte enfin sa peur.

Créer les conditions signifie que l'analyse et l'action du psychanalyste doivent préalablement conduire le patient à l'état d'angoisse, plus exactement à réactiver l'angoisse qui auparavant s'était convertie dans les symptômes pour lesquels le patient était venu consulter. Répétons-le : pour que le patient puisse affronter sa peur, l'action analytique doit d'abord le conduire à l'état d'angoisse. Quelles sont ces conditions ? ce sont les mêmes conditions qui règlent le scénario du fantasme de castration que l'analyste — par son silence et ses interventions — devra faire revivre. Ces conditions se réduisent principalement à trois fictions dangereuses, trois masques menaçants de l'Autre qui suscitent l'angoisse et que le psychanalyste devra revêtir : l'Autre châtré, l'Autre de la Loi et l'Autre du désir pervers.

• *L'Autre châtré.* C'est la figure la plus menaçante, que nous avons déjà située dans la scène du fantasme masculin de castration à l'origine de l'hystérie. Elle se dresse comme une figure d'horreur lorsque l'enfant découvre soudain l'image du corps nu, châtré, de la mère. Le trou dans l'image constitue le signal de danger perçu par des yeux effrayés. Ce manque, ombre opaque dans un corps lumineux, signifie qu'un jour, je risque moi aussi d'être mutilé. Et pourtant, tout en étant horrifié et paralysé par la menace, l'enfant tient paradoxalement à rester sous l'emprise du danger jusqu'à demander à l'Autre de lui montrer la faille de sa castration et de lui faire peur. L'Autre châtré représente pour le névrosé non seulement une menace qui effraie, mais un appel qui séduit et rassure. « J'ai horreur de ton corps châtré et cependant, je te demande de me le montrer, parce que ta castration me conforte dans mon enfance d'enfant phallique. » Le fantasme de castration est certes angoissant, mais n'oublions pas qu'il est avant tout une garantie qui protège l'enfant phallique du danger absolu, celui d'éprouver une jouissance sans limites.

• *L'Autre de la Loi.* C'est une des versions paternelles de l'Autre. Sa fonction, qui est d'interdire et de punir sévèrement le désir incestueux, est représentée par une voix qui hurle la Loi de l'interdit de l'inceste. C'est la principale figure, sonore et dangereuse, du fantasme de castration à l'origine de la névrose obsessionnelle. Comme auparavant devant l'Autre châtré, l'enfant fuit et recherche en même temps la présence menaçante qui terrorise et rassure. Une fois encore, l'enfant névrosé ou, si l'on veut, l'enfant phallique, s'adresserait ainsi à l'Autre : « J'ai peur de la Loi, mais ne manque pas de me la rappeler sans cesse ; je te demande de me commander, de m'interdire et si besoin est, de me punir. »

• *L'Autre du désir pervers*, enfin, est aussi une figure éminemment paternelle, celle d'un père jouisseur et jouissant de toutes les femmes, un père capable de m'abuser, me violer et jouir de ma souffrance. Nous avions déjà rencontré ce troisième visage de l'horreur lorsqu'il était question du fantasme phobique de castration. Précisons seulement que, comme dans les deux cas précédents, se répète la même contradiction propre au névrosé : il s'angoisse, mais il préfère vivre l'horreur et l'angoisse d'un enfant effrayé qu'assumer avec peine ses limites d'être parlant et sexué. Sans jamais regarder dans les yeux son père aimé, il lui demanderait : « J'ai très peur de toi, mais prends-moi dans tes bras et fais de moi la proie de ton désir pervers. »

Dissipons tout de suite un malentendu possible. Cette scène fantasmatique de castration, comme les deux précédentes, évoque certainement la perversion. Mais détrompons-nous, il ne s'agit que d'une perversion rêvée ; le névrosé n'est pas un pervers, mais quelqu'un qui rêve de l'être. Le fantasme névrotique est seulement le fantasme pervers d'un névrosé qui tient à son angoisse et rêve d'être un enfant angoissé face à une mère monstrueusement belle (Autre châtré), à un père terriblement protecteur (Autre de la Loi), et à un autre père, perversement aimant (Autre du désir pervers).

## Le désir du névrosé est un désir d'angoisse

Pour le psychanalyste tout le problème est là : l'angoisse fait certainement souffrir l'analysant, mais paradoxalement, elle le rassure aussi. « J'aime à me faire peur, cela me rassure », me disait un patient, marquant ainsi le lien qui unit tout névrosé à son angoisse. C'est là un obstacle sérieux au progrès de la cure, car pour rompre la dynamique morbide de la névrose, le praticien devra d'abord rompre cet attachement inouï de l'analysant à son angoisse. La plus grande difficulté pour l'analyste est à la fois de recréer un état de danger dans la cure, susciter l'éclosion d'une angoisse nouvelle chez l'analysant, et réussir à ce que celui-ci renonce à l'angoisse avec laquelle il cohabitait depuis toujours. Mais de quelle manière l'amener à y renoncer ? Avant de répondre, regardons de plus près comment l'hystérique noue son être à son angoisse.

Nous avions délimité la triple menace fantasmatique : le trou de l'image qui annonce la mutilation, la voix de la Loi qui annonce le châtiment, et la perversité d'un désir qui veut ma souffrance. Dans une telle situation, le sujet croit risquer non seulement son phallus, mais l'anéantissement de *tout* son être. Pris par l'angoisse, le névrosé a une réaction toute naturelle qui est de la convertir. Pour tenter de s'en débarrasser, il la convertit en symptômes ; et pour tenter d'échapper à la castration, il devient l'objet imaginaire qui manque à l'Autre. Qu'il transforme l'angoisse de castration en souffrance névrotique ou qu'il devienne lui-même l'objet phallique de l'Autre, il s'agit de deux mouvements qui loin de l'en débarrasser fixent le sujet à son angoisse. Nous formulons avec des mots différents une même idée : la solution hystérique au problème de l'angoisse est d'aimer l'angoisse, de s'y attacher corps et âme jusqu'à devenir chose ; et cela malgré la souffrance des symptômes. La conversion hystérique que nous avions conceptualisée dans un premier temps comme échec du refoulement, puis comme phallicisation du corps non génital/inhibition génitale, se présente maintenant comme une fixation irrésistible du névrosé à son angoisse. Le désir du névrosé est un désir d'angoisse.

Mais comment alors amener l'analysant à renoncer à son angoisse ? Pour qu'il se débarrasse radicalement de son angoisse, il doit d'abord rencontrer une angoisse nouvelle produite par l'analyse, et la traverser alors pour la quitter.

*

*    *

Reprenons. Quelles sont les conditions dans lesquelles se trouve l'analysant *avant* de traverser l'épreuve de l'angoisse ? Nous y reconnaissons un état de danger créé par la triple menace sous les espèces du trou, de la Loi et du désir pervers ; triple menace que nous pouvons condenser en la première, celle du trou : « Je vois le trou de l'Autre et aussitôt, je me sens menacé. » → Réveil de l'angoisse : « Je suis donc angoissé sans autre issue que de transformer mon angoisse en symptômes et me transformer moi-même en l'objet qui manque à l'Autre ; je deviens son objet et en le devenant, je comble son trou et m'assure que l'Autre reste châtré et fragile *. » → Devenu ainsi l'objet de l'Autre, le sujet voit sa pensée oblitérée, son corps pétrifié et son narcissisme poussé à l'extrême. Il se vit plus que jamais comme un moi qui se complaît dans ce qu'il est : un enfant figé. « Dans l'angoisse, je suis une chose immobile qui ne pense plus et qui jouit d'une jouissance qui est tout autant douleur que plaisir narcissique. »

## L'action du psychanalyste vise à résoudre l'hystérie de transfert

Face à ce sujet angoissé et jouissant de son angoisse, quelle doit être l'action du psychanalyste ? Comment doit-il intervenir pour que son analysant, protagoniste

---

* Ceci explique pourquoi il est si délicat de conduire la cure d'un hystérique, constamment à l'affût d'une faille chez l'analyste. Lorsqu'il décèle enfin la faille, il est déçu et angoissé de ne plus trouver la toute-puissance de son psychanalyste ; et simultanément, rassuré de le savoir enfin châtré.

principal de la scène analytique du fantasme de castration, traite autrement l'angoisse qu'en la convertissant en un refuge narcissique ? Comment sortir de cette hystérie de transfert ? Nous devons d'abord constater que la plupart des auteurs — Freud le premier — qui ont étudié le phénomène de la névrose de transfert n'ont pas envisagé de mesures techniques particulières pour la réduire. Les conseils donnés par Freud se maintiennent dans les limites d'une grande prudence, étant donné que des règles techniques trop définies peuvent conduire à des interventions hâtives et inopportunes. Le praticien risquerait d'aboutir à un résultat contraire à celui qui est recherché en renforçant encore plus l'hystérie de transfert et en rendant le traitement interminable jusqu'à le vouer à l'échec. Quand une analyse tourne en rond ou se fourvoie, c'est sans doute parce que l'hystérie de transfert n'a pas été résolue, c'est-à-dire que le psychanalyste et l'analysant n'ont pas réussi à ouvrir la voie qui mènerait ce dernier aux portes de l'épreuve de la castration.

On voit ici que par rapport à l'importance de l'enjeu, toute indication technique paraît déplacée. Cependant, le problème demeure : comment résoudre l'hystérie de transfert ? Notre réponse ne sera donc pas un conseil technique, mais une proposition susceptible d'orienter le praticien en vue d'accompagner l'analysant au seuil de l'épreuve de l'angoisse et favoriser son passage. Les interventions du psychanalyste chercheront d'abord à retrouver chez notre analysant l'enfant angoissé, acculé face à l'obstacle insurmontable de l'horreur de la castration. Comme si l'impact de l'action analytique devait porter juste au moment où l'angoisse va se transformer en souffrance névrotique, et juste avant que le sujet ne s'identifie à l'objet. Mais quelle est cette action ? Elle consiste en un changement de place. Le psychanalyste change de place parce qu'il a compris que le moment était venu de modifier sa position : il abat ses masques de l'Autre de la castration, il fait un pas d'écart et s'institue en témoin symbolique d'une épreuve que le sujet *seul* peut maintenant accomplir. Je souligne le mot « seul » pour évoquer chez le lecteur qui est praticien de l'analyse ce moment presque émouvant où nous sentons notre patient au bord de l'épreuve, mais ne pouvons cependant l'y pousser.

L'action du psychanalyste se place donc à ce moment précis où le patient hésite à franchir le pas décisif qui lui ferait quitter la peau de l'enfant phallique et l'introduirait enfin dans la phase terminale de la cure. Comme si le thérapeute devait saisir cet instant naissant de l'angoisse, ce moment où le sujet se trouve devant l'alternative suivante : soit de contenir cette angoisse naissante et la faire sienne, et c'est alors l'ouverture à l'épreuve ; soit de convertir l'angoisse en souffrance, et c'est alors la mauvaise voie qui cristallise la névrose. En d'autres termes, soit il accepte de traverser l'épreuve, soit il résiste. C'est en ce sens que Freud, dans un de ses derniers écrits, *Analyse finie, analyse indéfinie*, relève le cas du patient ou de la patiente qui, inconsciemment, renonce à s'engager dans l'épreuve, et les incidences de ce refus sur la poursuite du travail analytique. Pour Freud, le refus de s'ouvrir à l'angoisse conduit souvent à l'interruption brutale de la cure. Dans son commentaire, il explique le refus du patient d'entrer dans l'épreuve de l'angoisse comme un refus de la castration ou, pour reprendre ses mots, comme un refus de la féminité. Oui, un refus de la féminité, tant du côté de l'homme que du côté de la femme. Pourquoi assimiler le refus de la castration au refus de la féminité ? parce que pour un homme névrosé, la seule idée d'être châtré équivaut dans son fantasme à n'être qu'une femme, une femme qui, comme toutes les femmes de son fantasme, ne peut être que soumise. Et de la même façon, pour une femme névrosée, la seule idée de ne pas posséder le phallus qu'elle revendique, équivaut dans son fantasme à être aussi une femme dominée. N'oublions pas que l'univers du névrosé n'est pas composé d'hommes ou de femmes, mais de tout-puissants et de châtrés, de dominateurs et de soumis. On comprend donc qu'indépendamment de son sexe anatomique, le névrosé assimile l'image repoussante de lui-même châtré avec l'image d'une femme humiliée. Aussi Freud conclura-t-il que le refus de la féminité, c'est-à-dire dans notre vocabulaire le refus de traverser l'épreuve, est un « Non ! » que le névrosé angoissé oppose à l'idée fantasmatique de se laisser châtrer — dans le cas de l'homme —, ou à l'idée fantasmatique de ne pas obtenir le phallus convoité — dans le cas de la femme. C'est là que l'analysant interrompt violemment la cure et quitte avec rage et colère son analyste. Une célèbre formule freudienne a su traduire cet échec : « L'analyse a buté sur l'écueil du roc de la castration. »

*

* *

## Description de la traversée de l'épreuve de l'angoisse

Mais comment relater la traversée douloureuse de l'épreuve de l'angoisse ? Elle est si essentielle qu'elle demeure difficilement descriptible. Chacun de nous, en ce moment même, qui pensons à nos séances, que ce soit en tant qu'analyste ou en tant qu'analysant, en aura une représentation propre. Nous pouvons utiliser les concepts de la théorie, recourir à des allégories ou tenter des formules, mais l'image d'une telle épreuve restera intransmissible, modelée d'après notre histoire personnelle, notre analyse, et l'enseignement de nos patients.

Pour ma part, je l'imaginerais ainsi. Approcher lentement l'angoisse jusqu'à la plus extrême immédiateté, la contenir dans sa plus grande tension et la traverser alors. La traverser comme on franchit l'encadrement d'une porte qui, à l'instant même du passage, se réduirait à une fine lame acérée qui nous traverserait au milieu du corps en y laissant la trace ombilicale d'une fente limpide. Traverser l'angoisse signifie être traversé par elle.

Changeons maintenant nos termes et essayons de le dire autrement. Nous traversons l'angoisse lorsqu'une parole, un événement, un geste ou un silence, peu importe, une révélation fulgurante provenant du psychanalyste ou surgissant impromptue en moi-même analysant, m'a fait comprendre que je pouvais accepter de perdre parce que l'enjeu n'est jamais l'enjeu d'un tout, mais d'une partie ; et d'une partie qui sera toujours perdue. J'ai compris non pas mentalement, mais en acte, que quelle que soit l'issue finale de cette traversée de l'angoisse, le risque demeure nécessairement partiel et la perte inévitablement subie. J'ai compris, mon corps a compris, que je ne perdrai jamais tout, et que si je gagne, je ne gagnerai jamais sans perdre.

*

* *

## Le deuil d'une analyse terminée n'est pas le deuil de mon analyste, mais le deuil d'une fiction et d'une angoisse

La perte est donc partielle et inévitable. Mais de quelle perte s'agit-il ? Elle a d'innombrables visages, mais ici, lors de l'épreuve de l'angoisse, elle est avant tout et surtout la perte d'une illusion, l'illusion d'un tout (mon être-phallus) et du monstre menaçant qui me faisait souffrir (l'Autre châtré). Puisque j'ai compris que ce n'est jamais le tout que je hasarde, que le risque est partiel et la perte inévitable, je dévoile la fiction dont j'étais prisonnier et, en la dévoilant, je la perds. Oui, en acceptant de perdre une partie de moi, je perds la toute-puissance fictive de l'Autre et, avec elle, l'enjeu lui-même : ma supposée puissance phallique. Aussi mon angoisse s'évanouit-elle. Certes, je n'ai plus d'angoisse, mais je regrette déjà la disparition d'un danger fictif, d'une puissance infantile, le phallus, et d'une angoisse maintenant dissipée qui n'était en définitive qu'une manière sûre d'exister.

C'est ici, dans ce constat douloureux mais serein, que commence le travail de deuil pour la mort d'une fiction transférentielle, travail qui aboutira d'abord à la séparation concrète et effective avec le psychanalyste, et se prolongera ensuite dans un processus interminable au-delà de la cure. On comprend ainsi que le deuil d'une analyse achevée n'est pas celui de mon psychanalyste, c'est le deuil d'une fiction et d'une angoisse.

Parmi les manifestations observables de l'élaboration de ce deuil, il est un signe clinique indiscutable, repéré par la plupart des analystes qui se sont penchés sur le problème de la fin de la cure. Depuis Ferenczi, qui l'a remarqué le premier et de façon saisissante, jusqu'aux derniers travaux sur les manifestations cliniques de la terminaison de l'analyse, tous les auteurs s'accordent à reconnaître un même fait perceptible. Le signe incontesté qui marque l'entrée de la cure dans sa phase terminale est le suivant : le patient, dans un état de grande sérénité, a cessé d'être dans l'attente d'amour ; c'est-à-dire qu'il ne demande plus à l'Autre, représenté par son partenaire analytique, l'assurance de recevoir un jour son amour. Car l'analysant a compris que, mis à part l'espoir de sortir de l'impasse qui l'enfermait, son analyste ne lui a rien donné d'autre. Il ne lui a rien donné d'autre, parce qu'il n'avait rien d'autre à donner, si ce n'est cette « promesse », cet espoir d'accéder aux portes de l'épreuve de l'angoisse *.

Nous trouvons encore d'autres signes cliniques indicateurs de cette phase terminale. Par exemple, il est fréquent en cette période de constater l'apparition dans le récit du patient du souvenir des premiers moments du début de l'analyse : détails ou mots prononcés lors des entretiens préliminaires, le rappel de la date du premier rendez-vous, les symptômes pour lesquels l'analysant était venu consulter, etc. Un autre signe manifestant l'entrée dans cette phase finale est représenté par la présence de rêves très particuliers liés à la naissance, à des mouvements de départ, à des gares et à des transports, des avions, des bateaux, à des gens qui partent et des choses qui arrivent.

*La fin de la cure n'est pas la levée des symptômes.* □ Ajoutons ici une remarque importante pour la direction de la cure en cette phase terminale. Communément, quand on évoque la fin de l'analyse, on pense immédiatement

* Suivant l'acception la plus pure du mot « don », nous déclarerons que s'il est quelque chose que l'analyste donne dans une analyse, c'est l'attente. Le psychanalyste incarne l'espoir pour le sujet d'être un jour dans l'état le plus favorable pour traverser sa passe et se débarrasser de sa névrose. Or, c'est justement cet espoir ou, pour reprendre l'expression de Freud, cette « attente croyante » de l'analysant, qui constitue le meilleur auxiliaire thérapeutique de l'analyste. Pour que le sujet ait une chance de traverser l'épreuve, il lui faut l'espoir ferme de pouvoir la traverser. Freud l'a souvent répété : l'attente croyante du patient est un précieux facteur de guérison.

à la levée des symptômes. Or, les symptômes semblent avoir une vie propre, indépendante de l'évolution de l'analyse. Certains disparaissent étonnamment lors des premières séances, d'autres symptômes se métamorphosent au cours du traitement — une conversion hystérique peut devenir une souffrance phobique —, et d'autres encore disparaissent ou réapparaissent longtemps après la fin de la cure. Ce n'est pas parce que les symptômes disparaissent que le praticien doit imaginer et attendre une fin prochaine de la cure. Plutôt que de s'attacher au mouvement des symptômes pour déduire la fin d'une analyse, il est beaucoup plus important pour le praticien d'observer les changements de la position subjective de l'analysant. Celui-ci prend une distance plus sereine vis-à-vis de son analyste, lorsqu'il a cessé d'adresser à l'Autre de la névrose transférentielle sa demande d'amour.

*La manière de finir une cure atteste de la fécondité ou de l'échec de cette cure.* □ La façon selon laquelle une cure s'arrête ne décide pas seulement de la suite postanalytique, mais aussi et surtout de la période analytique elle-même, de la cure tout entière. C'est la terminaison qui rétroactivement donne son sens à l'ensemble du chemin analytique déjà parcouru. Nous considérons que l'arrêt d'une analyse est la cause finale qui détermine après coup la fécondité ou, au contraire, la stérilité de la démarche analytique. Il existe un fait très concret que le praticien ayant déjà conduit des cures confirmera aisément : si un analysant, après trois ans d'un travail apparemment fructueux et riche en événements, quitte l'analyse et part en claquant la porte, toute la cure se verra mise en question par la forme brutale d'une telle fin. Il est clair que ce mode de terminaison met en évidence une réalité indiscutable : cette analyse supposée riche et fructueuse n'a pas été véritablement achevée parce que l'analysant n'a pas connu l'expérience ponctuelle de quitter sa névrose. Il quitte avec violence l'analyse parce qu'il n'a pas quitté avec angoisse sa névrose. Disons-le mieux, nous n'avons pas su — analyste et patient — créer conjointement les conditions d'une passe réussie de l'angoisse, et éviter alors que l'analysant reparte avec sa souffrance intacte. Nous avons déjà insisté : tout le trajet analytique est un long effort qui converge vers cette passe essentielle, et au-delà, vers l'arrêt final de la cure.

*Le cas de la reprise d'une nouvelle analyse après avoir arrêté la première. Le problème des « tranches ».* □ C'est dans la même perspective que nous pouvons aussi penser la démarche fréquente de patients qui reprennent une deuxième ou une troisième analyse, quelque temps après avoir fini la première. C'est la question des « tranches ». Quand un analysant prend la décision d'entamer une deuxième tranche d'analyse, cela témoigne, à notre avis, du caractère inachevé de son premier parcours analytique. Étant le deuxième analyste d'un patient qui, en voulant compter ses années de divan, me disait : « J'ai six ans d'analyse : quatre ans sur un premier divan et deux ans sur un second... », je lui répliquai sans hésiter : « Voyez-vous, il n'y a pas deux analyses, ni trois, ni cinq. Il n'y a qu'une seule analyse, celle dans laquelle nous sommes aujourd'hui, et nous verrons plus tard si elle s'avère être l'analyse que nous attendions, c'est-à-dire une analyse achevée. » Je reste convaincu que le psychanalyste ne doit pas travailler avec l'idée que la deuxième tranche de son analysant complète avec bonheur la première. Je crois que la position la plus ajustée est au contraire de penser que l'analyse en cours, ici et maintenant, est la seule et unique analyse en jeu. Pourquoi ? Parce que la demande d'une nouvelle tranche montre clairement que la terminaison de la précédente n'a pas sanctionné une séparation qui aurait dû se produire. Entendons-nous. Un arrêt d'analyse suivi d'une reprise indique que l'analysant n'a pas opéré l'autoséparation, qu'il n'a pas réussi à se séparer de cette partie de lui-même (son fantasme névrotique de castration), et notamment, qu'il n'a pas su se détacher de la figure fictive de l'Autre, et abandonner ainsi son angoisse. Un tel analysant n'a pas cessé de faire exister l'Autre de la castration et d'installer à cette place le psychanalyste et la psychanalyse en général. Quand un patient décide donc d'entamer une deuxième tranche d'analyse, nous pouvons déduire sans risque d'erreur que l'Autre de sa névrose reste toujours représenté par l'un ou l'autre des psychanalystes successifs, c'est-à-dire que la place de l'Autre reste encore et toujours occupée par l'interlocuteur analytique.

Or, justement, terminer une analyse consiste à me séparer psychiquement de l'Autre analytique, à cesser de lui adresser ma demande d'amour et à reporter cette demande en dehors de la cure. Terminer une analyse, pouvons-nous dire, c'est en terminer avec l'analyse en général ; l'expression serait : « j'en ai fini avec l'analyse ! ». Je considère donc que, dans le cas d'une deuxième tranche, l'analyse n'a pas été terminée et même, que l'analyse n'existe pas encore. Car en toute rigueur, une analyse qui n'est pas entièrement achevée n'a pas encore d'existence. Une deuxième tranche constitue à mes yeux une nouvelle occasion de réinstaller peut-être les conditions de l'hystérie de transfert, de tenter à nouveau l'expérience qui n'a pu avoir lieu — à savoir la traversée de l'angoisse —, et de conclure enfin l'analyse. Bref, tant qu'on demande une analyse, peu importe que ce soit la première ou la troisième tranche, nous pouvons être sûr que l'analyse n'est pas terminée. L'analyse actuelle reste en effet la seule et unique expérience analytique car elle garde la possibilité de surmonter l'épreuve cruciale de l'angoisse et d'aboutir à une fin définitive.

*

*   *

## Traverser l'angoisse, c'est faire place à la douleur du deuil

Mais revenons à l'expérience de l'épreuve de l'angoisse et demandons-nous : une fois cette épreuve traversée, quelles conséquences s'ensuivent dans la vie de l'analysant ? Elles sont au nombre de trois. D'abord, l'apparition de la douleur du deuil, ensuite le surgissement du sujet de l'inconscient, et enfin un changement dans la perception par le sujet de son identité sexuelle. Abordons successivement chacune de ces conséquences en commençant par le problème de la douleur.

Posons-nous la question : quand un hystérique traverse l'épreuve de l'angoisse, de quoi se sépare-t-il ? Il se sépare de l'enfant phallique qui habite son inconscient. Mais une telle séparation n'est jamais une perte définitive, car il est conduit à perdre et à retrouver mille et une fois au cours de son existence l'enfant de son fantasme. Le fait d'avoir terminé une cure analytique et réussi l'épreuve de l'angoisse de castration confère à l'analysant un seul acquis, celui d'apprendre à perdre et à rencontrer indéfiniment son enfant phallique, mais en étant chaque fois moins affecté par la passion de l'angoisse. Moins affecté par l'angoisse, mais envahi par un nouvel affect qui s'impose alors, celui de la douleur. L'angoisse de la névrose maintenant disparue fait place à la douleur du deuil.

Quelle est cette douleur ? Comment se fait-il que l'hystérique, comme tout névrosé d'ailleurs, ait pu échanger la permanence de l'angoisse contre cette douleur qui ponctue et rythme le deuil d'une partie de lui-même ? Pourquoi y a-t-il douleur lorsque l'hystérique perd l'enfant phallique de son fantasme ? Et, plus généralement : pourquoi y a-t-il douleur lorsque nous perdons un être aimé ? Répondons immédiatement, ensuite nous nous justifierons : la douleur du deuil n'est pas comme on le croit habituellement la douleur d'avoir subi une perte, mais la douleur de retrouver ce qu'on a perdu alors qu'on le sait irrémédiablement perdu.

## La douleur du deuil n'est pas la douleur de perdre, mais la douleur de retrouver ce qu'on a perdu alors qu'on le sait irrémédiablement perdu

Commençons par un préalable. L'analysant a réussi à traverser l'épreuve de l'angoisse et à entrer dans la phase terminale où se déploie le processus de deuil d'une partie qui est l'enfant phallique. Loin d'être quitte avec sa perte, il la retrouvera d'innombrables fois au cours de son existence, comprise maintenant comme un long et paisible travail de deuil. Voici notre hypothèse : ce sont les retrouvailles mille fois répétées de l'analysant avec son enfant phallique mille fois perdu qui, à chaque fois, engendrent la douleur. Insistons encore : ce qui fait mal, ce n'est pas le fait de perdre, mais de *retrouver* ce que nous avons déjà perdu en sachant qu'on l'a irrémédiablement perdu.

*

* *

Pour justifier notre hypothèse, il nous faut retourner à Freud et refaire brièvement avec le lecteur le chemin qui nous a conduit à penser que le travail douloureux du deuil est avant tout une suite interminable de rencontres avec la résurgence de l'être disparu et non pas avec son absence.

L'énigme que Freud a essayé d'élucider et qui pour nous demeure toujours actuelle et stimulante est la suivante : pourquoi y a-t-il douleur lorsque nous perdons un être aimé ? La réponse de Freud, comme beaucoup de ses réponses, est ambiguë et contradictoire. Il semblerait que la douleur soit corrélative du travail de liaison et de déliaison des représentations de l'objet que l'on a aimé et à présent perdu. Après la lecture de ce remarquable texte freudien *Deuil et Mélancolie*, et des deux articles de Karl Abraham consacrés à la même question, et surtout en pensant à ma propre expérience ainsi qu'à celle de mes patients, il m'est apparu de façon évidente que la douleur du deuil ne peut se réduire à l'émotion suscitée par la perte de l'être aimé. Habituellement on ramène la douleur à la séparation, à la déchirure ou à la violence que signifie une perte soudaine. Ainsi, pour certains psychanalystes anglo-saxons notamment, la douleur proviendrait de la séparation du moi d'avec une partie du moi lui-même. La thèse pour expliquer la douleur psychique est donc centrée autour de l'idée de séparation. La douleur serait, d'après ces auteurs, un effet de la séparation. Dans une certaine mesure, cette thèse reprend l'idée et le sentiment que ressent tout humain lorsqu'il perd un être cher. Je l'admets, et pourtant je ne situe pas la douleur comme résultant directement de la séparation. Non, je pense au contraire que la douleur surgit au moment où il y a un *surinvestissement* de la représentation de l'objet aimé et aujourd'hui perdu. Ce qui fait mal dans le travail de deuil n'est pas tant l'absence de l'être cher, que la rencontre, l'investissement et le surinvestissement de la représentation psychique que nous avons de l'être aimé et perdu. Dans son écrit, Freud parle de liaison et déliaison des représentations de l'objet perdu ; je crois précisément que la douleur se produit lorsque psychiquement nous *localisons et cernons* au plus près la représentation de l'objet perdu. Comme si devant la masse énorme des représentations inconscientes du moi, nous devions sélectionner et isoler une à une les représentations de l'être aimé et perdu, en concentrant sur chacune d'elles toute notre énergie psychique. C'est là, devant chaque représentation, que la douleur surgit, et c'est cela qui fait mal.

Le travail douloureux du deuil s'oriente, certes, vers l'horizon d'un détachement jamais total et définitif de l'objet perdu, mais son parcours est jalonné de rendez-vous douloureux avec le représentant inconscient de l'objet dont il faudra de proche en proche et indéfiniment se séparer. Ce qui fait mal, c'est de rencontrer à nouveau la chose aimée pour pouvoir enfin s'en détacher définitivement. Entendons-nous. Ce qui fait mal est d'aimer à nouveau, oui, mais sans qu'il y ait la personne imaginaire qui soutient cet amour.

Mais alors, qu'est-ce que nous perdons lorsque quelqu'un meurt ? Lorsque quelqu'un meurt, nous perdons fondamentalement la charpente imaginaire qui nous permettait de l'aimer quand il était en vie. C'est cela que nous perdons, mais ce n'est pas cette perte qui provoque la douleur du deuil. J'insiste, la douleur vient du fait de rencontrer mille et une fois, comme un fil est rencontré dans les innombrables nœuds du métier à tisser, de rencontrer donc la représentation de l'objet aimé et perdu, mais sans le soutien imaginaire que signifiait l'autre quand il était en vie. Quel est ce soutien imaginaire ? C'est ma propre image renvoyée par l'autre vivant et aimé. Maintenant qu'il n'est plus là, je retrouve ses traces et son amour sans pour autant retrouver ma propre image. Le travail de deuil consiste à m'habituer à être dans le silence de la présence de l'autre perdu, mais sans le support de mes images. Exprimé en termes lacaniens : dans le travail du deuil, il faut que j'aime l'autre sans *moi-idéal*, c'est-à-dire sans l'image de l'autre, ni ma propre image.

En somme, je fais l'hypothèse suivante : la douleur du deuil s'origine non pas dans une séparation progressive de la représentation de l'objet aimé, ni dans une séparation des parties du moi. La douleur du deuil s'origine du fait qu'il y a, au contraire, une liaison plus forte que jamais avec les représentations de l'objet aimé, un surinvestissement, un centrage de la représentation de l'objet aimé, sans le soutien de cette image de moi-même que l'autre était capable de me renvoyer.

Lacan formule de façon tranchée l'état de celui qui est en deuil. Dans une des leçons de son séminaire consacré au thème de l'Angoisse, il dit : « Nous sommes en deuil de celui pour qui nous avons été — sans le savoir — à la place de son manque. » Précisément, l'autre — aujourd'hui disparu — comptait dans le registre imaginaire comme surface spéculaire parce que j'étais, à un moment ou à un autre, à la place de son manque. Qu'est-ce que veut dire « être à la place de son manque » ? Cela veut dire exactement occuper, par moments et à mon insu, la place de l'objet du désir. Cette place est fondamentalement un lieu vide, que des personnes ou des choses peuvent occuper à l'occasion. « ... Être à la place de son manque » signifie donc être à la place de l'objet du désir de celui que nous avons perdu. Or, nous ne ferons le deuil d'une personne disparue qu'à une double condition : que cette personne ait compté pour nous comme soutien imaginaire ; et que nous ayons occupé pour elle la place de l'objet de son désir. Il s'agit de deux niveaux croisés : le niveau imaginaire de renvoi des images, et le niveau — appelons-le fantasmatique — où l'un des partenaires prend la place de l'objet du désir. Dans un lien dit d'amour, les partenaires du couple se situent, chacun à sa façon, à l'un et l'autre de ces niveaux. Reprenons alors la formule de Lacan en la paraphrasant : nous sommes en deuil de celui qui imaginairement a compté pour nous — cela, nous le savions —, et pour lequel nous avons été l'objet fantasmatique de son désir — cela, nous ne le savions pas. Finalement, la proposition de Lacan pourrait s'énoncer ainsi : pour qu'il y ait deuil d'un être disparu, il faut qu'avec cet être il y ait eu un double rapport, d'amour et de fantasme. Cette proposition énonce ce que tout un chacun a pu un jour éprouver lors de la mort d'un être aimé.

Mais posons-nous une dernière question : qu'est-ce qui fait qu'un deuil n'est pas élaboré ? C'est le manque de temps, et l'absence du rituel. Et qu'est-ce qu'un rituel ? Un rituel, c'est le temps nécessaire pour reprendre la représentation de l'objet perdu, la surinvestir et enfin, peu à peu, s'en séparer. Le rituel fait place au temps ; et un deuil non réalisé, c'est un deuil qui n'a pas pu se donner le temps. C'est le cas de Hamlet, quand son père est enterré à la va-vite, sans cérémonie ni funérailles, sans que rien n'assure ce temps psychique indispensable pour accepter que l'autre n'est plus là.

*

* *

Nous avons dû faire ce détour sur la douleur du deuil pour bien faire comprendre qu'à la fin de l'analyse, ce qui fait mal chez l'analysant ayant perdu l'enfant de son fantasme, ce n'est pas de l'avoir perdu, mais de le retrouver alors qu'il le sait irrémédiablement perdu. Traverser l'angoisse a donc fait place à la douleur du deuil.

**Tableau des correspondances entre l'angoisse avant la traversée de l'épreuve, et la douleur du deuil après la traversée**

| ANGOISSE<br>avant la traversée | DOULEUR DU DEUIL<br>après la traversée |
|---|---|
| L'angoisse surgit face à la menace de tout perdre. | La douleur apparaît après la perte d'une fiction. Or, cette douleur n'est pas due à la perte, mais au fait de retrouver la fiction perdue alors qu'on la sait irrémédiablement perdue. |
| Inassimilable | Assimilable |
| L'angoisse est convertie en souffrance. | La douleur ne se convertit pas. |
| Étant convertie, elle oblitère la pensée, pétrifie le corps et confirme le sujet dans un narcissisme exacerbé. | La douleur aiguise la perception endopsychique, fait percevoir la vérité et ouvre à une tristesse sereine. |

## Traverser l'angoisse, c'est retrouver le lieu de naissance de celui que je n'ai jamais cessé d'être

*Il s'agit de passer de l'initial à l'initial. Et c'est la vie...*

Venons-en à présent à la conséquence la plus décisive de la traversée de l'angoisse, celle de l'avènement de l'analysant en tant que sujet. A l'issue de l'épreuve accomplie, sa voix nous dirait : « J'ai compris que je ne perdrai jamais Tout et qu'inévitablement je perdrai une partie de moi-même. Et, en comprenant cela, je viens de perdre la fiction. Mais alors que reste-t-il ? Rien, il n'y a plus rien de la totalité fictive, du fantasmatique danger et de l'angoisse, il ne reste que moi. Qui moi ? Le sujet, je veux dire, le seul sujet absolu, unique, celui de l'inconscient, le sujet que nous n'avons jamais cessé d'être, puisqu'il était déjà bien avant, à notre insu. J'ai compris en acte, et en comprenant, je retrouve celui que j'étais déjà sans le savoir. » *Là où c'était, je suis advenu.* La célèbre maxime freudienne retraduite par Lacan fait pour nous écho à cet oracle éternel du Poème de Parménide : « Cohérent à son terme est pour moi le départ, car c'est là qu'à nouveau j'aurai à revenir. » Dans l'ordre de la constitution du sujet, en effet, le terme et le départ de l'analyse coïncident ; il n'y a pas dans la cure de futur ni d'avenir, car l'aller vers l'avant est en fait un retour non pas au passé, mais à ce qui est le plus initial et authentique en moi.

On voit bien maintenant que le chemin d'une analyse

décrit le trajet circulaire de deux tours qui relient en spirale le point terminal au point initial d'un processus cyclique et indéfini toujours ouvert. Nous avions deux registres temporels de la cure, l'un événementiel et chronologique, l'autre psychique et logique ; maintenant, nous saurons mieux dire. Ces deux registres se complètent et décrivent un mouvement général de l'analyse suivant un temps illimité et cyclique. Cette conception du temps rappelle étroitement la théorie néo-platonicienne du temps, formulée par Plotin *.

Quel est précisément ce cycle ouvert et illimité d'une cure analytique ? Il comporte deux tours circulaires qui ne se ferment pas, mais décrivent une courbe en spirale ; et trois moments singuliers : le premier entretien *(M 1)*, l'épreuve de l'angoisse *(M 2)* et la naissance du sujet *(M 3)*. Décrivons ce mouvement cyclique et illimité en demandant au lecteur de se reporter au schéma suivant.

* S'il est un philosophe avec lequel nous pouvons penser avec profit le concept de temps en psychanalyse, c'est bien le néoplatonicien Plotin. On se reportera à la IIIe Ennéade.

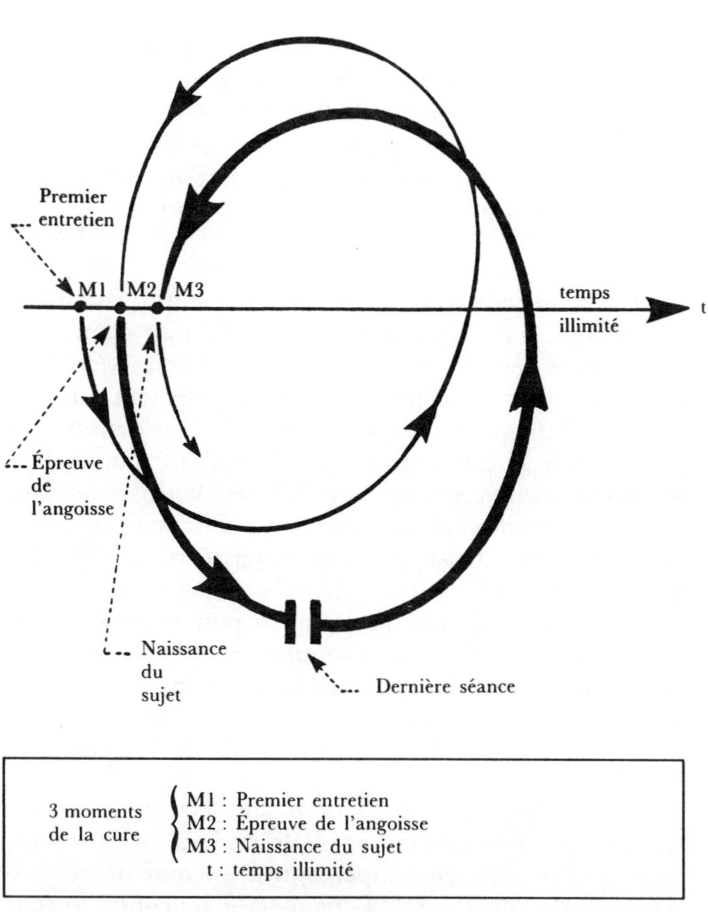


| | |
|---|---|
| 3 moments de la cure | M1 : Premier entretien<br>M2 : Épreuve de l'angoisse<br>M3 : Naissance du sujet |
| | t : temps illimité |

**Schéma de la durée d'une analyse**

**L'analyse en tant que cure a une durée limitée**
**Mais l'analyse, en tant que processus psychique,**
**a une durée cyclique et illimitée**

Le premier tour commence avec l'événement du premier entretien *(M 1)* et s'achève, après une boucle, avec l'événement de l'épreuve de l'angoisse *(M 2)*. Ces deux moments se superposent puisque dans le premier entretien l'analysant dit sa souffrance, et que dans l'épreuve de l'angoisse, il traverse le fantasme à l'origine de cette souffrance.

Le second tour trace aussi une boucle qui, comme la précédente, reste également ouverte. Le tour commence avec l'issue réussie de l'épreuve de l'angoisse *(M 2)* et s'achève, après la boucle, avec le surgissement du sujet absolu *(M 3)* que l'analysant portait en lui depuis toujours et que la passe de l'angoisse n'a fait que révéler. Révélation qui ne se livre pas d'un seul coup, mais dans une suite interminable d'événements. Ces deux moments se superposent aussi, puisque la passe réussie signifie que l'analysant s'est délié de sa névrose et a retrouvé enfin le sujet véritable qu'il n'avait jamais cessé d'être. L'analyse terminée, nous sommes à présent attendus par ce sujet que, sans savoir, nous étions déjà et que nous devenons maintenant. Cela est parce que cela a été déjà : telle est la loi la plus inéluctable de l'inconscient.

Schématiquement, nous pourrions écrire les quatre termes successifs qui jalonnent le cycle d'une analyse : sujet de l'inconscient imperceptible → moi névrosé → traversée de l'épreuve de l'angoisse → rencontre avec le sujet de l'inconscient imperceptible. On comprend dès lors que le temps requis pour faire une analyse et la terminer n'est pas à proprement parler sa durée linéaire et temporelle — trois ans, cinq ans, etc. —, mais le temps d'une épreuve difficile et d'une révélation singulière et répétée. Le temps analytique se contracte comme le moment ponctuel d'émergence en acte de la vérité.

*

* *

## Traverser l'angoisse modifie la perception de ma propre identité sexuée

Avant de conclure, posons-nous une ultime question. Une fois l'épreuve de l'angoisse franchie, le deuil déjà commencé et la fin de l'analyse consommée, que se passe-t-il ? L'analysant à présent seul élabore son deuil et entre dans cette période qu'il est convenu d'appeler « post-analyse ». Mais alors, que s'est-il passé en lui ? Quelle cicatrice a laissé l'expérience d'autoséparation ? Ou encore, pour reprendre l'interrogation de Lacan : quel est l'état nouveau de l'inconscient d'un sujet ayant conclu son analyse ? C'est un inconscient plus l'expérience de l'inconscient, pouvait-il répondre. Nous dirions : c'est un inconscient plus la traversée de l'épreuve de l'angoisse. C'est un inconscient modifié, assoupli par la traversée d'une passe douloureuse ; un inconscient plus malléable dans sa capacité d'exercer l'autoperception inconsciente ou, comme Freud l'appelle, la perception endopsychique. Comme si une fois l'angoisse passée au travers de moi, il m'était maintenant possible de percevoir de façon endopsychique les limites de mon être parlant et sexué. Que voulons-nous dire ? Qu'est-ce qui a changé dans l'inconscient ? Ce qui a changé, c'est la qualité de la perception de notre propre identité sexuée. Avant la traversée de l'épreuve, le sujet ignorait (refoulement) la différence des sexes, et percevait le manque de phallus comme le manque d'un Tout absolu, d'une force absolue. Or, que se passe-t-il après l'épreuve ? Va-t-il enfin reconnaître que la distinction sexuelle existe, qu'il y a des hommes qui sont des hommes et des femmes qui sont des femmes ? Il fera mieux que cela, il fera autre chose que reconnaître l'existence de la différence sexuelle, il saura l'interroger. Après l'épreuve, il ne s'agira plus d'ignorer la distinction sexuelle, ni de la poser comme un dogme incontesté. Elle ne sera ni refoulée ni dogmatisée, mais reconnue et aussitôt questionnée. La perception du sujet modifiée par la traversée de la passe ne sera plus aspirée par le dehors, mais retournée vers le dedans. Avant l'épreuve, orientée sur l'extérieur, la perception était à l'affût de la castration de l'Autre, interprétée comme le manque d'un Tout ; après l'épreuve, tournée vers le dedans, la perception saisit l'énigme de l'être sexué.

*

* *

# PONCTUATIONS

Ne nous laissons pas égarer par l'attrait séducteur de l'hystérique. Plutôt qu'un séducteur, l'hystérique est un être de peur.

*

Il est trois états dans lesquels l'hystérique est paisible et s'accorde une trêve : quand il est amoureux, quand il est triste, et s'agissant d'une femme, quand elle est enceinte.

*

La passion de l'hystérique est double : l'amour et la haine. Quand il aime, il aime son partenaire à l'exclusion de son sexe ; et quand il hait, il hait le sexe de son partenaire, détaché de sa personne aimée. Cet amour et cette haine toujours passionnels se croisent et s'alternent à l'infini. Il arrive souvent que l'amour se transforme en dévotion pour un autre sans sexe (malades, prêtres ou psychanalystes). Et il arrive que la haine se transforme en rage d'arracher à l'autre son sexe (dévoration, fellation).

*

L'allure sensuelle des hystériques fait croire qu'ils sont habités d'un ferme désir sexuel. Or, au-delà de leur charme, la vie sexuelle des hystériques est troublée, limitée et foncièrement insatisfaisante.

*

L'hystérique vit sa sexualité de trois façons différentes. En souffrant dans son corps, car la souffrance des symptômes somatiques est l'équivalent psychique d'une satisfaction orgasmique. En se masturbant, car le plaisir de l'activité masturbatoire est préféré au danger du rapport sexuel. Et en se dissociant entre la figure éclatante d'un être hypersexuel et la réalité pénible d'une souffrance vécue comme insensibilité de la zone génitale.

*

La crise hystérique traduit dans la langue d'un corps qui souffre des pantomimes érotiques qui n'ont jamais existé qu'à titre de rêveries.

*

Dans la cécité, le sujet hystérique a perdu la vue de l'image de l'autre, pour centrer son regard inconscient sur une seule chose : le charme libidinal de l'autre. L'hystérique perd la vue mais garde l'intensité de son regard.

*

Or le charme libidinal de l'autre n'est pas perçu par l'hystérique comme un trait sexuel, mais comme un attribut de force ou un signe de faiblesse. Ce qui excite un hystérique n'est pas la sexualité de l'autre, mais la vulnérabilité de sa force ou le redressement de sa faiblesse.

*

Quand le psychanalyste propose à son patient de s'allonger, il lui propose aussi de se laisser hystériser, de perdre la vue du monde pour ne regarder que les fantasmes du désir. L'hystérie de transfert commence avec le divan.

*

Pourquoi ne pas penser qu'un des lieux privilégiés de l'hystérie à notre époque est la psychanalyse elle-même ? Car qu'est-ce que la psychanalyse sinon la reproduction de l'hystérie pour guérir l'hystérie ? Lacan et Freud qualifient la démarche analytique de « paranoïa dirigée » ; nous ajouterons qu'elle est aussi une hystérie dirigée.

*

L'hystérique dirait en substance : « Pour mieux écarter le danger de la jouissance du rapport sexuel, je tiens à m'assurer de deux garanties : que l'Autre souffre d'impuissance et qu'il m'interdise de jouir. » Autrement dit, pour éviter de jouir, le névrosé rend l'Autre impuissant et interdicteur.

*

### *Lecture de la formule lacanienne du fantasme hystérique*

Lacan [14] a réduit à une formule le mouvement essentiel du fantasme hystérique de castration : $\frac{(a)}{-\varphi} \diamond A$ que nous lisons ainsi : l'hystérique regarde (◁) l'Autre châtré (A), s'angoisse, et devant cette angoisse s'identifie à l'objet imaginaire qui manque à l'Autre ($-\varphi$). Le ($-\varphi$) devient ainsi le ($+\varphi$) incarné par le moi hystérique. Le moi est ($+\varphi$) à l'exception de la zone génitale qui, elle, reste anesthésiée ($-\varphi$). Le résultat de cette conversion, que l'hystérique croyait salvatrice, est la douleur de l'insatisfaction *(a)*, douleur à laquelle le sujet finit par se réduire. C'est-à-dire :

$$\boxed{\frac{(a)}{-\varphi} \diamond A}$$

*équivaut à*

↓

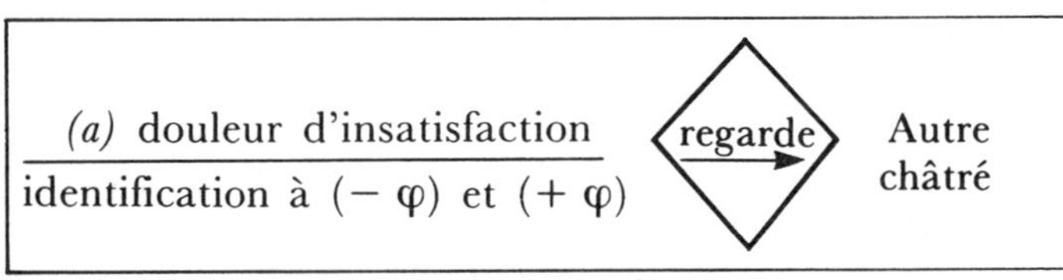


*équivaut à*

↓

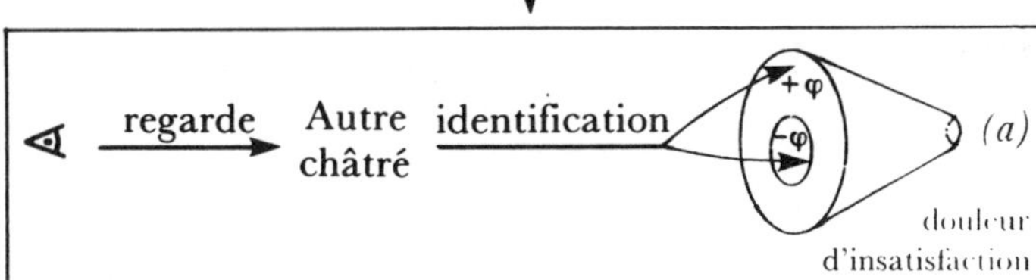


*

*

### *Présence libidinale de l'hystérie : un exemple clinique*

« Je m'allonge et aussitôt quelque chose s'en va, les mots s'en vont, le langage disparaît, et apparaît le sentir. Quand je suis ici, je me vis comme dans un nuage, je me sens auto-hypnotisée, comme si j'étais sous le coup d'une hypnose provoquée par moi-même. Je m'allonge, je me sens très dépendante de tout, de vous et de ce qui m'arrive. Et puis peu à peu je sais que je peux décider de mes émotions et ressentir ce que je veux. Je m'allonge et tout de suite je commence à sentir et vouloir sentir encore plus. J'attends de sentir, pas seulement au niveau du corps, mais dans la tête. Comme s'il y avait un corps dans ma tête et que la sensation devait descendre de la tête à mon corps physique. Je sais que quand j'éprouverai la chute de cette sensation qui descend, elle se transformera en orgasme.

Je suis très gênée parce que je ne veux pas sentir ici ces sensations interdites. J'attends que la sensation descende, circule et vienne dans mon corps, mais qu'elle s'arrête juste avant l'orgasme. Je ne veux pas jouir ici dans les séances, mais je veux éprouver et vivre tout ce qui précède ce moment limite. »

*

### *Exemple d'un fantasme féminin de haine et d'angoisse hystérique envers la mère-phallus*

« Tout ce que je donnais à voir étant petite fille courait le risque d'être détruit par ma mère. Elle voulait que je n'existe pas, que je m'en aille, et me suicide. Mais je ne veux pas me suicider parce que cela lui ferait trop plaisir. Oui, je la hais, je ne me tue pas pour ne pas satisfaire son désir de me voir morte. J'ai envie, moi, de la mettre à mort et de rassembler mes forces pour la faire disparaître. Il y a un problème de masculin et de féminin en moi, parce que je suis femme, mais je voudrais être aussi un homme qui sache faire face à la destruction venant de ma mère. Mon père n'a jamais compté à la maison et ne m'a jamais défendue ; au contraire, c'était moi seule, l'homme qui osait s'opposer à ma mère. »

*
* *

# QUESTIONS ET REPONSES SUR L'HYSTERIE

☐ *Vous avez situé l'hystérie au fondement des névroses, alors que d'autres auteurs en ont fait la névrose, si l'on peut dire, la plus saine. Qu'en pensez-vous * ?*

### *Toute hystérie recèle un noyau de tristesse*

En effet, classiquement, certains analystes considèrent que l'hystérie est la névrose la plus mûre parce qu'elle est, du point de vue du développement de la libido, celle qui se rapproche le plus de l'étape finale, dite étape génitale. Le principal tenant de cette position est K. Abraham, aux yeux de qui l'hystérie, étant fixée au stade phallique, stade précédant immédiatement l'achèvement génital, reste la névrose la plus évoluée. Or, la clinique nous montre au contraire qu'il faut considérer l'hystérie comme la plus primaire dans l'échelle des névroses, celle sur laquelle s'édifient les structures obsessionnelle et phobique. C'est non seulement notre position, comme nous avons tenté de le démontrer dans notre écrit, mais ce fut également celle de Lacan et de

* L'ensemble des questions auxquelles j'essaye de répondre ont été rédigées à partir des interventions formulées à la suite de différents exposés oraux sur le thème de l'hystérie.

Mélanie Klein. Lacan surtout qui, après avoir fait de l'hystérie le paradigme des névroses, fonda le *discours hystérique* considéré comme la structure-type ordonnant toute névrose, plus exactement, tout lien névrotique. Ajoutons encore le rapport que l'hystérie entretient avec la psychose elle-même, en particulier avec la mélancolie et la schizophrénie. La théorie kleinienne, par exemple, conçoit l'hystérie comme un rempart défensif contre un noyau psychotique mélancolique [15]. Pour un psychanalyste kleinien, un patient hystérique est avant tout un mélancolique en puissance. Nous ne pouvons pas démentir cette orientation que la clinique confirme si souvent, mais en revanche nous n'utiliserons pas les mêmes concepts pour penser le rapport de l'hystérie à la mélancolie. Nous avons employé d'autres termes dans ce travail pour soutenir combien l'identification hystérique à la douleur d'insatisfaction côtoyait au plus près la béance psychotique de la mélancolie.

*

*   *

□ *Y aurait-il une disposition particulière de certains sujets à l'hystérie ?*

**« Nous sommes tous des hystériques ! »**

D'abord, je devrais vous répondre qu'à nos heures et de manières très diverses, nous sommes tous des névrosés, car nous avons tous à nous confronter au fantasme de castration, et cela indéfiniment. L'expérience de la castration se renouvelle sans cesse tout au long d'une existence, et nous restons quotidiennement exposés à l'hystérie, comme à la phobie ou à l'obsession. Je devrais reprendre ici la conclusion d'un célèbre psychiatre contemporain de Freud, Moebius, qui, soucieux d'élargir le concept d'hystérie, s'exclamait : « Nous sommes tous des hystériques ! » Cela dit, nous ne pouvons pas nier que certains sujets se jouent de l'épreuve de castration, tandis que d'autres s'y fixent et s'y épuisent. Mais pour retrouver votre question, je dois d'abord vous rappeler que Freud considérait la disposition à la névrose comme une énigme irrésolue. Cependant, Breuer, le compagnon de Freud, avait bâti une théorie étiologique de l'hystérie basée précisément sur un état particulier du moi, qui rend le sujet plus exposé à subir un trauma et devenir hystérique. Breuer croyait que, pour provoquer un trauma générateur d'hystérie, il fallait non seulement l'impact local du choc traumatique, mais surtout que cet impact rencontre une disposition psychique favorable offerte par un moi affecté d'un faible niveau de conscience. Or, étant donné qu'un tel état psychique d'obnubilation crépusculaire, très perméable à l'impact d'une agression, pouvait se reproduire artificiellement sous hypnose, Breuer le dénomma « état hypnoïde ». Comme Freud, Breuer baptise l'hystérie d'après la cause principale qu'il privilégie. La cause étant cette disposition psychique particulière dite « hypnoïde », il nomma l'hystérie « hystérie hypnoïde ».

*

* *

☐ *Pourriez-vous préciser davantage les raisons pour lesquelles il n'y aurait pas une hystérie féminine différente d'une hystérie masculine ?*

Avant de répondre, je voudrais rappeler que cet essai sur l'hystérie porte très nettement la trace de mon travail d'analyste. Effectivement, pour avancer les hypothèses d'aujourd'hui, il a fallu se situer d'abord dans l'espace du cabinet analytique, avoir été analysé, être assis dans le fauteuil du psychanalyste, et se soumettre à l'expérience de l'écoute. Il apparaît alors clairement qu'à un moment ou à un autre de la cure, certains patients adoptent, d'après leur façon d'être et de dire, ce que nous appelons une position hystérique ; une position qui peut être assumée aussi bien par un homme que par une femme, sans différence spécifique. La position hystérique ne se laisse pas réduire au dualisme homme/femme. Aussi croyons-nous que c'est une erreur d'étudier, comme le firent Charcot et même des auteurs contemporains, une entité qui se nommerait « hystérie masculine ». Non seulement la pratique mais encore la théorie infirment la valeur d'une telle distinction hystérie féminine/hystérie masculine. Soutenir ce clivage est ignorer que l'hystérie incarne, nous l'avons vu, la souffrance d'être indéterminé quant à son identité sexuelle. L'hystérique souffre de ne pas savoir s'il est un homme ou une femme. Il ne peut pas se dire homme ou femme, parce qu'il est resté au seuil de l'expérience de l'angoisse de castration. Affirmer que l'hystérique souffre de ne pas savoir s'il est homme ou femme équivaut à dire qu'il demeure figé à son fantasme dans lequel le monde n'est pas partagé entre hommes et femmes sexués, les uns ayant un pénis, les autres un vagin, mais clivé entre les possesseurs de phallus et ceux qui en sont dépourvus. Il faut être clair, le monde de l'hystérique est un monde infantile composé de puissants et d'impuissants, de forts et de faibles, de jeunes et de vieux, d'athlètes et de handicapés. Il souffre parce qu'il se trompe de scène : son drame se joue dans une réalité fantasmatique d'enfant où l'opposition homme/femme est inexistante, alors qu'il vit ce drame dans un monde où la réalité sexuée est certes problématique, mais incontournable.

Bien entendu, nous pourrions aujourd'hui appeler hystérie masculine, l'hystérie dont un homme — anatomiquement parlant — serait affecté ; mais une telle classification serait un contresens profond par rapport à la souffrance même de l'hystérie : souffrir de ne pas se savoir homme ou femme ; plus exactement, refouler la différence des sexes jusqu'à l'ignorer. Quel est en effet le désir de l'hystérique ? Avec Lacan, nous savons que le désir de l'hystérique est un désir d'insatisfaction. Mais entendons-nous bien, de quelle insatisfaction s'agit-il ? Pas seulement de l'insatisfaction vécue par l'hystérique et dans laquelle il se complaît si obstinément, mais aussi de l'insatisfaction propre au rapport entre un homme et une femme. Le désir de l'hystérique, c'est le désir de cerner le point d'insatisfaction d'un homme par rapport à la femme qu'il aime, ou d'une femme par rapport à l'homme aimé. L'hystérique tend toujours à s'installer au cœur du couple, là où le lien homme/femme défaille parce qu'ils sont des êtres sexués et parlants. Mais il faut également comprendre que l'hystérique souffre de son indétermination sexuelle tout en l'entretenant comme une ambiguïté nécessaire et rassurante. Disons-le autrement : l'hystérique préfère ignorer son sexe et souffrir de cette ignorance que traverser la douloureuse épreuve de la castration qui le conduirait non pas à être homme ou femme, mais à pouvoir soutenir l'énigme du sexe de l'homme et de la femme.

*

* *

☐ *Pourquoi y a-t-il plus d'hystériques femmes que d'hystériques hommes ?*

Votre question est une très vieille question que les psychiatres, les ethnologues et les psychanalystes se sont toujours posée mais à laquelle ils n'ont jamais répondu de façon tranchée. J'essayerai de vous répondre du point de vue psychanalytique, sans oublier que le problème a déjà été longuement traité dans le domaine de l'ethnopsychiatrie, et souvent de façon remarquable. Est-ce seulement dans notre culture occidentale et judéo-chrétienne que nous retrouvons l'affinité hystérie-féminité ? Qu'arrive-t-il dans les autres civilisations contemporaines ? Ou encore, au sein de notre propre contexte culturel, quelle est et quelle a été l'influence sur ce fait social évident, des figures féminines de la religion chrétienne : Ève, Marie, Marie-Madeleine, etc., toutes des hystériques exemplaires ? Ces interrogations pleines d'intérêt sont légitimes et méritent qu'on les étudie sérieusement.

Venons-en maintenant à une réponse psychanalytique, en rappelant d'abord une proposition théorique importante que nous avons déjà développée, à savoir : l'hystérique souffre comme hystérique parce qu'il reste pétrifié dans la position d'être l'objet chéri, aimé et désiré de l'autre, d'un Autre avec un grand A, puisque c'est l'Autre de ses fantasmes inconscients. Or s'il existe quelqu'un qui doit normalement et obligatoirement passer par ce stade d'être l'objet de l'Autre, c'est bien la femme. En effet, la femme dans son devenir femme doit, d'après la théorie freudienne, traverser l'identification à l'objet du père, c'est-à-dire au phallus. Pour supporter le constat d'une castration déjà là et trouver une solution à l'envie de posséder un pénis, la fillette s'identifie au pénis, ou pour mieux le dire, s'identifie au phallus du père. Puisqu'elle n'a pas l'objet tant envié, alors elle devient cet objet, elle se fait phallus paternel. Observons tout de suite deux réserves. D'abord l'identification à l'objet phallique paternel peut varier aisément et évoluer en une identification aux différents traits de la personne du père. Et puis, deuxième réserve, cette identification n'est jamais figée. La fillette dans son devenir femme traverse provisoirement, pendant quelques années, une phase masculine : elle se fait garçon, manière d'être le phallus paternel. Cette phase dure en principe jusqu'à la puberté, âge auquel l'adolescente voit enfin éclore sa féminité.

Or que se passe-t-il avec l'hystérique ? Pourquoi y a-t-il plus d'hystériques femmes que d'hystériques hommes ? Ou mieux, pourquoi l'hystérie est-elle toujours empreinte de féminité ? Eh bien, parce que tout névrosé hystérique, qu'il soit homme ou femme, en est venu à opérer la même identification au phallus de l'Autre paternel que la femme a opérée dans son évolution normale. Mais avec cette différence essentielle : le devenir féminin d'une femme comporte nécessairement la reconnaissance non sans douleur, que son sexe demeure une énigme, mais qu'il n'est pas le phallus ni l'absence de phallus. En revanche, l'hystérique reste ancré dans l'identification névrotique et pénible au phallus. On comprend maintenant qu'il y a plus de femmes hystériques que d'hommes, parce que la femme reste toujours plus exposée que l'homme à se figer dans l'identification phallique.

*

* *

☐ *Pourriez-vous mieux dire à quel objet s'identifie l'hystérique ?*

### *L'identification de l'hystérique*

Je dirai pour commencer que le moi de l'hystérique opère une identification avec l'image de l'autre envisagé seulement en tant qu'être sexué. Plus exactement avec l'image de la région génitale de l'autre. Cette expression de « région génitale » est employée par K. Abraham pour indiquer le lieu imaginaire du sexe de l'autre, fortement investi par les patients hystériques au détriment du reste de l'image de la personne. Comme si le sujet hystérique focalisait et précipitait tout son moi sur le foyer génital de l'image de l'autre, en annulant le reste de l'image. C'est précisément cette identification du moi hystérique aux organes génitaux de l'autre que nous avons développée au titre de l'identification du sujet au phallus qui manque à l'Autre châtré. Cependant, Abraham reconnaît aussi la possibilité inverse : l'hystérique s'identifie à l'image d'ensemble de la personne, mais dépourvue de sexe ; comme si au niveau des génitoires, l'image était opacifiée par une tache blanche.

Rappelons le passage où K. Abraham, dans le second volume de ses *Œuvres complètes* (p. 300), décrit cette double modalité d'identification partielle en commentant le cas d'une patiente hystérique dans le rapport à son père. « Une surabondance de manifestations névrotiques permit de constater l'intérêt exclusif compulsionnel [de la patiente] pour une seule partie du corps de son père, son pénis. Le père ne revêtait plus, aux yeux de cette patiente, le caractère d'un être total, il n'en restait qu'une seule partie. Celle-ci était l'objet de sa compulsion à voir (guetter les contours des organes génitaux à travers les vêtements du père). De plus, *elle s'identifiait inconsciemment tantôt avec le père, tantôt avec ses organes génitaux*, qui en étaient devenus le représentant. »

Afin de mieux illustrer cette double identification à l'image de l'autre, reprenons brièvement le cas de Dora, la patiente hystérique de Freud. Nous verrons à l'œuvre comment Dora s'identifie soit à l'image de l'autre réduit au seul lieu génital, et l'autre sera alors perçu comme chose sexuellement *désirable* ; soit à l'image de l'autre privé du lieu génital, et l'autre sera par conséquent perçu comme sexuellement *désirant* dans la mesure où étant troué il désire compléter son manque. Rappelons-nous l'intensité avec laquelle Dora peut prendre les deux rôles complémentaires joués par Mme K. (désirable) et par son père (désirant), sur la scène de son propre fantasme hystérique. D'abord, le rôle où Mme K. se révèle un objet sexuellement *désirable* aux yeux du père ; Mme K. est alors réduite à la dimension exclusive de chose sexuelle, de chose sexuellement désirable par un amant masculin [16]. Mais réciproquement, Dora peut aussi jouer le rôle opposé du *désirant* habité par le manque ; elle s'identifie alors à son père désireux d'une femme. Or, il nous faut ici remarquer que l'élan de ce mouvement identificatoire au désirant est imprimé par une tendance fondamentale du moi hystérique à s'identifier non seulement avec un désirant qui cherche, mais avec un désirant qui jouit de chercher, un désirant pur qui jouit d'être en état de désir. Ainsi l'identification plus immédiate de Dora au père désirant fait partie d'une ligne tendue vers l'horizon intangible où se trouverait enfin l'essence énigmatique de la féminité. Dora attend donc, au-delà de toutes les limites, de rejoindre Mme K. fantasmée cette fois non pas comme chose désirable, mais comme portée par le plus haut désir, le mystérieux désir féminin, pur désir sans objet assignable.

Mais il y a encore une troisième modalité de l'identification hystérique. Cette variante, quelque peu inadmissible pour la pensée, a néanmoins une portée clinique décisive. Le moi hystérique s'identifie ici non seulement avec l'image locale de l'autre : soit Mme K. chose sexuellement désirable, soit le père désirant la dame ; mais aussi avec l'émotion de l'orgasme fantasmé par Dora lors de l'étreinte d'un homme et d'une femme. Déjà en

1895, Freud n'hésitait pas à faire de l'attaque hystérique l'équivalent d'un orgasme. Lorsque vous verrez s'évanouir une hystérique, n'en doutez pas — tranchait Freud —, le sujet fait plus que jouir, il s'identifie à l'émoi sexuel partagé par les partenaires du couple fantasmé. Il ne suffit plus d'affirmer que le moi hystérique s'identifie à l'image de l'autre sexuellement désirable, ni à celle de l'autre sexuellement désirant, il faut encore aller plus loin et conclure — même si cela semble surprenant — à la parfaite assimilation du moi au fait même de l'émoi sexuel du couple. Émoi qui, ne l'oublions pas, est fondamentalement insatisfaction du couple, car dans le fantasme de l'hystérique, la rencontre sexuelle est toujours un échec.

On le voit, dans l'unité d'une seule entité clinique, l'hystérie, nous trouvons contenue la diversité des trois variantes de l'identification du moi avec un aspect partiel de l'autre. Aucune structure clinique ne renferme une si nette pluralité d'identifications partielles, irréductibles entre elles et tout autant complémentaires. L'hystérie consiste en définitive dans l'assomption une à une de toutes les places du cortège sexuel, de toutes les positions relatives au désir. Tout rêve, symptôme ou fantasme hystérique condense et actualise une triple identification : identification à l'autre désiré, à l'autre désirant et à l'insatisfaction des deux amants. Il faudrait même ajouter une dernière identification typique de l'hystérie, au tiers personnage qui rassemble ou sépare le couple. A la question plus générale sur la nature de l'objet de l'identification hystérique, il faudrait alors répondre : l'objet de l'identification n'est pas la femme aimée *, ni l'homme amant, ni même leur commune insatisfaction sexuelle, ni non plus le troisième personnage à l'écart de la scène, mais tout cela ensemble et simultanément. En un mot, l'objet central de l'identification hystérique n'est pas un objet précis, mais le *lien* qui relie l'un à l'autre les partenaires du couple fantasmé.

*

* *

☐ *Vous discernez donc quatre modes d'identification hystérique : à l'homme désirant, à la femme désirable, à l'autre qui provoque leur rencontre, puis à l'insatisfaction du couple homme et femme ?*

### *Maternité et hystérie*

Absolument. Mais vous m'offrez l'occasion d'insister sur mon hypothèse de la cinquième identification hystérique. En effet, le sujet hystérique s'identifie à l'homme, à la femme, au tiers exclu de leur rencontre, à la douleur qui les sépare, mais surtout — ultime identification — à l'espace qui rassemble et contient le couple. La vie d'une hystérique est traversée par ce fantasme fondamental qui se profile toujours à l'horizon, et qui se formulerait ainsi : « Je suis — dirait l'hystérique — non pas l'homme, ni la femme, ni la douleur de leur lien, mais cette terre qui a accueilli leur rencontre divine, une

* On comprend pourquoi c'est une erreur de croire que le désir hystérique est un désir homosexuel.

rencontre sans échange charnel dont je serais quand même le fruit. » Voilà la cinquième identification ; elle correspond à ce fantasme dans lequel le sujet hystérique fait fonction de creuset qui abrite et protège l'accouplement divin de deux corps sans sexe. Fantasme qui m'a conduit à considérer cette dernière identification de l'hystérique comme une identification à l'utérus en tant qu'organe creux contenant la fécondation des cellules germinales, sans corps sexué les ayant produites. C'est comme si, chez l'hystérique, l'utérus était, au dire de Platon, un organe migrateur, un phallus mobile qui erre dans son monde fantasmatique : d'organe interne menacé par la pénétration, il devient le contenant externe qui embrasse deux corps immaculés. La remarquable observation de Platon qui imagine l'utérus comme un animal assoiffé et en errance dans le corps de la femme, en quête d'un contenu qui le comble et l'apaise, touche le point le plus vif de notre travail clinique avec des patientes hystériques. Ce point concerne la question de la maternité. Combien de fois, en effet, avons-nous été sensible à la diminution de la souffrance hystérique lors des derniers mois de grossesse de telle ou telle analysante ? Comme si la maternité était à sa manière une variante possible de la traversée de l'épreuve de castration dans laquelle l'utérus cesse d'être un phallus menacé et à la dérive, pour faire place à cette autre figure du phallus qu'est l'enfant à naître.

*

*  *

☐ *J'ai bien suivi le rapprochement que vous faites entre le refus de la castration et le refus de la féminité chez le névrosé, mais que se passe-t-il avec la féminité chez un homme névrosé ayant pu traverser l'épreuve de l'angoisse ?*

## *La féminité du père*

Votre question est importante parce qu'elle touche au rapport de l'homme avec la féminité et la fonction paternelle [17]. En effet, si le névrosé se risque et traverse l'épreuve de l'angoisse, la féminité qu'il repoussait avec horreur — féminité incarnée par l'image d'une femme châtrée et humiliée —, se transforme en une autre féminité, la sienne propre qu'on peut nommer la part féminine d'un homme. Or, voici mon hypothèse : je crois que l'homme appelé à occuper la place de père doit reconnaître en lui sa part féminine. En effet, celui qui reconnaît avec douleur sa part féminine a plus de chance d'assumer le rôle difficile de père que celui qui ne reconnaît pas sa féminité. Pourquoi ? Pour y répondre, il faut que nous reprenions notre définition de la névrose. Car une façon de caractériser la souffrance névrotique serait d'affirmer que le névrosé est celui qui, angoissé, refuse sa féminité, c'est-à-dire refuse de se livrer à l'Autre, de crainte qu'il ne l'abuse, le pénètre ou le viole. La féminité pour un névrosé, *sa* féminité, nous l'avons dit, est synonyme de passivité et de soumission. Pour lui, être femme, c'est vivre ce que vit la femme de ses fantasmes. Et que vit-elle ? Elle pâtit d'être châtrée. La femme fantasmée, névrotiquement fantasmée, est un être châtré, soumis et toujours exposé à l'action perverse d'un

Autre, plus exactement à l'action d'un père pervers et tyrannique. Je voudrais insister et bien souligner que l'idée que le névrosé se forge de la féminité sort tout entière de ses fantasmes angoissants de castration, et que cette idée n'a rien à voir avec la conception psychanalytique de la féminité. Je m'arrête sur ce point parce qu'il existe un formidable malentendu entre la psychanalyse et certains courants de pensée — souvent féministes — qui assimilent fantasme du névrosé et théorie analytique, et reprochent ainsi aux psychanalystes l'idée névrotique de femme châtrée et par conséquent soumise.

Je ne peux m'attarder à développer ici cette remarque, mais il fallait ce rappel pour comprendre le sens de l'expression : refus de la féminité. Refuser sa féminité signifie donc pour un névrosé refuser avec peur le risque imaginaire de perdre quelque chose de son être ou de perdre son être tout entier : « Je ne veux pas me soumettre ni rester dépendant d'un Autre que je tiens pour un père omnipuissant, supposé capable de me pénétrer et de me détruire, et que j'aime cependant. » La névrose comporte donc quatre composantes : l'angoisse de me sentir menacé par un Autre pervers (un père), le refus obstiné de m'ouvrir à lui, la demande impérieuse qu'il continue de m'aimer, et les effets de l'angoisse que sont l'oblitération de la pensée et celle du corps (symptômes). Vous imaginez bien que dans un tel état subjectif, le névrosé aura énormément de mal à assumer le rôle de père, à être lui-même un père. Pourquoi ? Pour deux raisons. D'abord parce que son père à lui, le père de ses fantasmes, occupe déjà toute la place ; le névrosé, fantasmatiquement, reste un enfant. Et puis parce qu'il ne peut pas et ne veut pas s'identifier à ce père qu'il craint, aime et déteste.

Maintenant, voyons l'homme qui, à l'opposé du névrosé, accepte sa part féminine. Cet homme a réussi à traverser l'épreuve de l'angoisse et à comprendre que, quelle que soit l'issue de cette passe, une perte inévitable demeure. Avant, il s'angoissait à l'idée de risquer tout son être ; maintenant, il a compris que quels que soient les risques de cette épreuve psychique, il ne sera jamais entièrement détruit et que de toute façon, il perdra une partie de lui-même. Il n'a plus à faire de choix, mais à vivre ce qu'il a à vivre. Dans cette passe réussie, l'Autre de ses fantasmes cesse d'être un père castrateur pour devenir simplement un être parmi d'autres, marqué d'une limite commune à tous les humains. Cela signifie que le sujet ayant franchi l'épreuve intégrera sa part féminine. C'est-à-dire qu'il assumera sereinement l'absence d'une identité sexuelle établie une fois pour toutes, et l'impossibilité de définir avec certitude la nature de l'être sexuel homme et de l'être sexuel femme. *Accepter sa part féminine est pour un homme accepter de maintenir son être sexué comme une énigme qui ravive et anime son désir.* L'homme ayant ainsi admis sa féminité, et étant un jour devenu père, se trouvera dans la meilleure position subjective pour conduire ses enfants aux portes de l'épreuve qui ouvre à l'âge adulte.

*

*   *

# LA CECITE HYSTERIQUE SELON LES THEORIES DE CHARCOT, JANET, FREUD ET LACAN

Considérons maintenant ce symptôme de conversion, reconnu depuis toujours comme étant l'emblème de la souffrance hystérique, à savoir l'aveuglement, ou plus exactement la cécité hystérique. Dans un texte d'une grande concision, Freud s'est servi de ce trouble visuel comme exemple pour illustrer la conception psychanalytique de la formation d'un symptôme [18]. Au cours de ce travail, Freud mentionne les différentes théories étiologiques de l'hystérie proposées par l'École française de l'époque (Charcot, Janet, Binet, etc.) et invite le lecteur à se reporter aux ouvrages de ces auteurs. Après avoir suivi le conseil de Freud et consulté les divers traités sur l'hystérie parus en France à la fin du XIXe siècle, nous sommes sorti très étonné de cette lecture devant l'extrême proximité de vues, en particulier entre Freud et Janet. En effet, dans l'*État mental des hystériques*, livre majeur de Pierre Janet, nous rencontrons des passages remarquables et des phrases décisives concernant précisément la cécité hystérique. Certaines propositions de ce livre et d'autres ouvrages de Janet ont été reprises presque mot à mot dans les textes freudiens. Il existe des phrases que, curieusement, les psychanalystes citent comme provenant de la plume de Freud, alors qu'elles surgissent tout entières de la pensée de Janet. Comme, par exemple, cette formule énoncée par Freud dans son article et souvent reprise et commentée dans de nombreux écrits analytiques, que l'on trouve à quelques détails près chez Janet : « Ceux qui sont atteints de cécité hystérique ne sont donc aveugles que pour la conscience ; dans l'inconscient, ils voient. »

Ces affinités entre l'œuvre freudienne et celle de l'École française nous ont incité à établir un tableau évolutif entre les trois théories de Charcot, de Janet et de Freud sur la genèse de la cécité hystérique. Ce tableau nous montrera comment, à partir de Charcot, la pensée sur l'hystérie se modifie progressivement jusqu'au point de rupture radical opéré par Freud. Pour être complet, nous avons ajouté au tableau l'apport de la conception de Jacques Lacan.

*

## Théorie de Charcot sur la cécité hystérique

*« Je ne vois plus » égale « cécité ».*

Pour Charcot comme pour beaucoup d'autres psychiatres de son époque, notamment Briquet, l'hystérie est une maladie produite par l'action incisive d'une idée ou d'une représentation psychique fortement chargée d'affect. Si la représentation est forte, je veux dire si elle représente une sensation intense, excessive, alors elle aura l'immense pouvoir de se transposer brutalement dans la réalité du corps et d'apparaître sous la forme d'un symptôme somatique. Si par le moyen de l'hypnotisme ou de l'autosuggestion une idée pénètre la psyché perméable du sujet et prend une haute valeur affective, le corps exécute immédiatement le contenu de l'idée. La représentation d'un mouvement fortement ressenti : « je sens que je marche », c'est déjà le mouvement en voie d'exécution : le sujet marche effectivement. Si l'on prend l'exemple contraire, celui de la représentation de l'absence de mouvement : « je ne peux plus marcher », c'est déjà la paralysie motrice. En un mot, pour ces auteurs que sont Briquet, Charcot et Bernheim, la souffrance corporelle hystérique résulte de l'incarnation plastique d'une idée, ou plus exactement de la traduction dans la langue du corps, d'une phrase grammaticale, affirmative ou négative. Soulignons le caractère grammatical de la phrase, car c'est justement sur ce point que Janet marquera un de ses désaccords avec son maître Charcot. On déduit aisément que le trouble hystérique de la vision, dans lequel le sujet perd potentiellement la vue, s'expliquerait par l'impact d'une représentation qui dirait : « je ne vois plus ». Ainsi, la cécité hystérique est, d'après ces auteurs, produite par une représentation fortement chargée d'affect qui énonce l'absence de vision : « je ne vois plus », et réciproquement, cette représentation est la cause de l'aveuglement.

Avançons encore que cette conception était commune à Charcot et à Bernheim. Ces deux maîtres de la psychiatrie différaient cependant sur la plupart des questions touchant à l'hystérie. Une des divergences les plus marquées peut se résumer ainsi. Charcot considérait que la représentation pathogène s'était introduite chez le sujet lors d'un incident traumatique provoqué par un agent extérieur. Pour justifier la validité de cette affirmation, il pratique l'hypnotisme. Il démontre ainsi que l'injonction faite au sujet hypnotisé, d'une idée ou d'une phrase est susceptible de provoquer un symptôme hystérique. Bernheim au contraire considérait que ladite représentation était née spontanément à l'intérieur du sujet par autosuggestion. D'après Bernheim, l'hystérique se disant à lui-même qu'il ne pouvait pas voir devenait automatiquement aveugle.

*

## Théorie de Janet sur la cécité hystérique

*Le « je ne vois plus » de Charcot*
*est remplacé dans la théorie de Janet*
*par un « voir » en errance dans le subconscient.*
*« Voir » en errance dans le subconscient équivaut à l'absence de voir*
*dans le conscient (cécité).*

Pierre Janet, élève de Charcot et contemporain de Freud, a étudié dans de nombreux ouvrages, avec une grande rigueur, le phénomène de la cécité hystérique. Janet, comme tous les auteurs de l'époque, appuie sa théorie sur la base de ce principe établi par Charcot et Briquet : une idée, si elle est excessivement chargée d'affect, se traduira inévitablement en une altération somatique. L'hystérie est donc une maladie par représentation. A ce principe largement accepté, Janet apportera de nombreuses corrections. Ses rectifications sont extrêmement importantes pour nous, psychanalystes actuels, parce que certaines d'entre elles, non seulement seront reprises par Freud, mais transmises jusqu'à nous à travers plusieurs générations d'analystes. Mais quelles sont ces rectifications apportées par Janet ? En voici les principales.

Rappelons d'abord un préalable. Janet postule la nécessité de séparer deux plans radicalement différents dans la vie psychique. En suivant la théorie — extrêmement intéressante pour nous — de Maine de Biran et au-delà, celle de Leibniz, Janet distingue le plan de la conscience et le plan du subconscient. Ces deux plans sont contenus dans une instance plus globale que Janet appelle le moi. Ce moi serait ainsi capable de *synthétiser* en une seule perception (dite « perception personnelle ») les deux registres conscient et subconscient. La perception du moi synthétise à la fois une sensation subconsciente, et la reconnaissance de cette sensation par la pensée consciente. La sensation subconsciente « voir », par exemple, sera immédiatement ressentie par ma conscience comme une sensation qui m'est propre. Le moi opère une perception qui synthétise les deux aspects, subconscient et conscient, sous la forme d'un « je vois ».

A partir de ce préalable, Janet construit ainsi sa conception étiologique de l'hystérie. Il formule l'hypothèse que la cause de la maladie réside dans la faiblesse psychologique du moi des hystériques à opérer une synthèse mentale. L'hystérique est malade parce que son moi est incapable de synthétiser la sensation et la pensée qui l'appréhende, le ressenti et les mots qui le disent. Faute de synthèse, le moi se dissocie, et l'écart entre la conscience et le subconscient se creuse jusqu'à en faire deux instances complètement autonomes. Il en résulte dès lors ceci :

1. □ D'après Janet, la représentation psychique « je ne vois plus », qui, selon Charcot, était à l'origine de la cécité, est une représentation trop complexe pour que le faible moi de l'hystérique puisse la reconnaître et l'intégrer. Au lieu du moi trop perméable de Charcot qui laisse la représentation « je ne vois plus » s'introduire dans le psychisme et se convertir directement en cécité, Janet propose un moi trop faible pour élaborer l'affect « voir » à travers une pensée cohérente. Alors que pour Charcot le problème de l'hystérie réside dans la perméabilité du moi, pour Janet il réside dans la faiblesse psychologique du moi.

2. □ Janet pense que le moi hystérique est donc trop faible pour synthétiser une phrase aussi élaborée que le « je ne vois plus » proposé par Charcot. Il faut donc dans le cas du moi faible de l'hystérique, supprimer les deux composantes les plus abstraites de la phrase « je ne vois plus », qui sont le pronom personnel « je » et la négation « ne plus ». Et garder seulement la pure sensation subconsciente réduite à un simple « voir ».

3. □ Aussi nous reste-t-il seulement le verbe « voir » appartenant au subconscient. Élément primitif, sensation pure, le « voir » échappe à toute emprise d'un faible moi synthétiseur qui voudrait l'assimiler dans une élaboration comportant un agent : le « je », et une opération abstraite : la négation. Avec Charcot, la représentation était un *« je ne vois plus »* et elle se localisait dans le domaine indéterminé du mental ; avec Janet, la représentation est *« voir »* et elle se localise dans le domaine bien déterminé du subconscient. Le nom que Janet donne à une telle représentation subconsciente et rebelle au moi hystérique sera « idée fixe subconsciente ».

4. □ La représentation « voir » reste ainsi une représentation hautement chargée d'affect, isolée, détachée du moi et en errance dans l'espace du subconscient. Puisque cette représentation subconsciente « voir » demeure exclue et inintégrable dans l'ensemble des représentations qui composent le moi hystérique, l'activité visuelle manquera aussi à l'ensemble des fonctions moïques. Disons-le autrement : puisque la représentation « voir » manque dans le moi, alors la vue manquera au sujet (cécité).

Aussi, le manque dans le moi de la représentation « voir » se traduit-il par une absence de vision dans le corps. La cécité hystérique n'est donc pas provoquée *par l'action* d'une représentation « je ne vois plus » (Charcot), mais *par le manque* d'une représentation subconsciente, rebelle au moi : « voir ».

Arrêtons-nous ici un instant et demandons au lecteur de revenir à nos développements sur la théorie freudienne du trauma comme cause de l'hystérie. Le lecteur constatera combien l'« idée fixe » de Janet est la sœur jumelle de la représentation inconciliable de Freud. Deux sœurs apparemment semblables mais qui deviennent, telles des jumelles, deux êtres radicalement hétérogènes à partir du moment où la sexualité fait irruption. Oui, c'est là, en effet, avec la sexualité, que surgit le bouleversement novateur de l'apport freudien. Si Janet n'a pas été Freud, c'est précisément parce qu'il n'a jamais pu imaginer que l'affect qui investit l'idée fixe soit un affect sexuel.

*

## Théorie de Freud sur la cécité hystérique

*Le « voir » subconscient de Janet*
*est remplacé dans la théorie de Freud*
*par « voir » inconsciemment le sexe.*
*La cécité résulte d'une répression violente du moi contre un inconscient pervers : « Puisque tu veux tant voir de choses sexuelles, eh bien, tu ne verras plus rien du tout ».*

1. □ Freud retient de Janet la théorie de l'inconscient et de la dissociation du moi, mais introduit le facteur révolutionnaire de la sexualité. D'après

Freud, le « voir » inconscient est une sensation de plaisir sexuel scoptophilique obtenu lors de la perception du charme sexuel de l'objet amoureux. Soulignons bien le double aspect de la sexualité : il y a du sexuel dans le plaisir de regarder (scoptophilie) et dans l'objet que l'on regarde (charme sexuel). Dès le moment où la sensation « voir » est considérée comme une sensation sexuelle, et l'objet regardé comme un objet sexuel, toute la dynamique du rapport entre le moi, le conscient et l'inconscient change, et doit être entièrement revue.

2. □ Puisque le « voir » inconscient est sexuel, alors le moi hystérique, au lieu de tenter d'assimiler et de synthétiser ce « voir », comme le croyait Janet, va au contraire tenter de l'isoler davantage et pour tout dire : le refouler. Pour Janet, le moi hystérique est malade parce que faible, tandis que pour Freud, nous le verrons, il est malade parce que excessivement offusqué. En effet, le moi refoule si violemment la représentation sexuelle qui lui est intolérable — « voir » — qu'il supprime définitivement toute fonction visuelle. La cécité hystérique s'expliquerait selon Freud comme le résultat d'un refoulement trop démesuré opéré par un moi acharné contre le « voir » sexuel et intolérable. Un moi si outré devant la sexualité et prétendant si maladroitement la contrer, qu'il en finit par s'aveugler et se faire mal à lui-même. La cécité hystérique est l'effet observable et manifeste de la lutte souterraine qu'un moi désespéré livre contre le sexuel.

Si nous comparons la théorie freudienne de la psychogénèse d'un symptôme de conversion aux deux autres théories de l'École française, nous sommes en présence de trois conceptions du « moi » hystérique bien distinctes : le moi trop perméable de Charcot, le moi trop faible de Janet et le moi trop désespéré de Freud.

*

## Théorie de Lacan sur la cécité hystérique
## Notre lecture

*« Voir » inconsciemment le sexe dans la théorie de Freud*
*se traduirait chez Lacan par :*
*« Le moi est un œil érogène qui regarde le sexe de l'Autre »,*
*se traduirait encore par :*
*« Le moi est un phallus qui regarde le phallus de l'Autre »,*
*se traduirait enfin par :*
*« Le moi est un phallus qui regarde*
*la puissance/impuissance de l'Autre ».*

Nous n'entreprendrons pas ici l'examen exhaustif de la théorie lacanienne du regard, que nous avons développée ailleurs [19]. Nous nous bornerons à relever l'apport à nos yeux essentiel de Lacan à la conception freudienne de la cécité hystérique.

En quoi consiste la particularité de l'avancée lacanienne eu égard aux trois théories précédentes ? Lacan opère une modification substantielle du schéma proposé par Freud servant à expliquer la cécité hystérique. Cette modification peut se résumer en un mot : fantasmatiser le schéma freudien. Que voulons-nous dire ? Que Lacan interprète le *« voir » inconsciemment le sexe* proposé par Freud, comme une action déployée entre deux personnages principaux d'une scène fantasmatique, le moi et l'Autre. « Voir » le sexe dans l'inconscient deviendrait alors : « le moi regarde le sexe de l'Autre ». Ces deux personnages, le moi et l'Autre, sont les acteurs du fantasme de castration. D'un côté, nous avons le moi qui n'est plus le moi refoulant dégagé par Freud, mais un moi-œil-érogène qui saisit visuellement la faille de l'Autre châtré. En face, nous avons précisément l'Autre, personnage caractéristique qui, ayant été châtré, n'a d'autre sexe que le trou laissé par l'absence du phallus. Aussi *« voir » le sexe dans l'inconscient* se transforme-t-il en : *des yeux érogènes regardent le trou de l'Autre.* Si nous suivons la logique du fantasme de castration que nous avons bien établie dans les chapitres précédents, nous dirons que le moi-œil-érogène, non seulement perçoit la faille dans l'Autre, mais s'identifie avec l'objet phallus dont l'Autre a été privé. Il s'ensuit alors que le moi-phallus perçoit visuellement le manque de phallus dans l'Autre. Si nous traduisons cette dernière formule en des termes plus généraux, nous conclurons en disant que le moi est lui-même un sexe en quête de la faille de l'Autre — que cette faille soit une impuissance ou un trop de puissance.

Aux yeux de l'hystérique, le sexe de l'Autre n'est ni le pénis ni le vagin, mais sa faille révélée par une trop grande faiblesse ou par un excès de puissance. Ce qui émeut un hystérique n'est pas le charme du sexuel (au sens du génital), mais le charme qui émane de la force ou au contraire de la fragilité du partenaire. Freud affirmait que l'œil aveugle de l'hystérique ne voyait pas dans la conscience, mais voyait dans l'inconscient le charme érotique de l'autre aimé. Avec Lacan, nous proposerons que l'œil aveugle de l'hystérique est séduit par le charme érotique qui se dégage d'une autre personne qui n'est ni virile ni féminine, mais défaillante ou omnipuissante.

*

*   *

# Extraits des œuvres de S. Freud et de J. Lacan sur l'Hystérie

# Choix bibliographique sur l'Hystérie *

* Les phrases en caractères gras précédant les citations sont de l'auteur.

Nous tenons à remercier MM. les Éditeurs qui ont bien voulu nous autoriser à reproduire les citations de Freud et de Lacan extraites de leurs fonds.

# Extrait des œuvres de S. Freud et de J. Lacan sur l'Hystérie

***La cause de l'hystérie n'est pas le trauma d'une agression extérieure, mais la trace psychique laissée par l'agression. C'est cette trace, trop chargée d'affect, isolée, pénible pour le moi, qui doit être considérée à l'origine du symptôme hystérique***

« Le traumatisme psychique et, par suite, son souvenir agissent à la manière d'un corps étranger qui, longtemps après son irruption, continue à jouer un rôle actif [1]. » *Freud.*

*

***L'origine de l'hystérie est la trace psychique d'un trauma à contenu sexuel***

« J'affirme donc qu'à la base de chaque cas d'hystérie, on trouve un ou plusieurs événements d'une expérience sexuelle prématurée [2]. » *Freud.*

*

***L'hystérie est une maladie provoquée par une mauvaise défense du moi : le refoulement. Aussi l'hystérie s'appelle-t-elle « hystérie de défense »***

« L'irruption de l'hystérie remonte presque invariablement à un conflit psychique, une représentation inconciliable mettant en action *la défense* du moi et provoquant le refoulement [3]. » *Freud.*

*

« Pour que se forme un symptôme hystérique, il doit y avoir un effort de défense contre une représentation pénible [4]. » *Freud.*

*

***La conversion est un échec du refoulement ; elle consiste en la transformation d'une surcharge énergétique qui passe de l'état psychique (représentation inconciliable) à l'état somatique (souffrance corporelle)***

« Dans l'hystérie la représentation inconciliable est rendue inoffensive par le fait que sa somme d'excitations est reportée dans le corporel, processus pour lequel je proposerai le nom de *conversion* [5]. » *Freud.*

*

***Trois auteurs dans l'histoire de l'hystérie qui affirment combien les symptômes somatiques de conversion n'obéissent à aucune loi de l'anatomie ou de la physiologie du corps, mais dépendent d'une autre anatomie éminemment imaginaire***

***Janet :*** « Ces anesthésies [hystériques] en segments géométriques ne correspondent pas à des régions anatomiques innervées par un tronc nerveux, mais à des organes entiers tels qu'ils sont conçus et limités par la pensée populaire. Elles ont la forme d'une manche de veste, d'un gigot, d'une manchette [6]. »

***Freud :*** « J'affirme (...) que la lésion des paralysies hystériques doit être tout à fait indépendante de l'anatomie du système nerveux, puisque l'hystérie se comporte dans ses paralysies et autres manifestations comme si l'anatomie n'existait pas, ou comme si elle n'en avait nulle connaissance.

(...) Elle [l'hystérique] prend les organes dans le sens vulgaire, populaire du nom qu'ils portent : la jambe est la jambe jusqu'à l'insertion de la hanche, le bras est l'extrémité supérieure comme elle se dessine sous les vêtements [7]. »

***Lacan :*** « (...) on ne fait pas une paralysie, ni une anesthésie selon les voies et la topographie des branches nerveuses. Rien dans l'anatomie nerveuse ne recouvre quoi que ce soit de ce qui se produit dans les symptômes hystériques. Car c'est toujours d'une anatomie imaginaire dont il s'agit [8]. »

*

***La souffrance vécue par l'hystérique dans un symptôme de conversion équivaut à la satisfaction d'un orgasme ; et la partie du corps, lieu de la conversion, prend la valeur d'un organe sexuel***

« D'innombrables sensations et innervations qui, à titre de symptômes de l'hystérie, se localisent sur des organes n'ayant en apparence aucun rapport avec la sexualité (...) constituent autant de satisfactions de désirs sexuels pervers [9]. » *Freud.*

*

« [L'hystérie cherche] à substituer aux organes génitaux d'autres organes qui se comportent alors comme des organes génitaux de substitution (...) [organes qui] en plus de leur fonction normale, joueraient aussi un rôle sexuel, érogène, qui devient parfois dominant [10]. » *Freud.*

*

« Les symptômes représentent l'activité sexuelle des malades [11]. » *Freud.*

*

***Le symptôme de conversion disparaît s'il prend une valeur symbolique produite par l'écoute du psychanalyste***

« On résout les symptômes en recherchant leur signification psychique [12]. » *Freud.*

*

***Freud change sa théorie étiologique de l'hystérie : l'origine de l'hystérie n'est plus un trauma, mais un fantasme***

« L'accent ne porte plus sur l'élément " traumatique " dans les expériences sexuelles infantiles (...). C'est seulement avec l'introduction de l'élément des fantasmes hystériques que la texture de la névrose et sa relation à la vie des malades devinrent transparentes [13]. » *Freud.*

*

« Les symptômes hystériques ne sont rien d'autre que les fantasmes inconscients trouvant par *conversion* une forme figurée [14]. » *Freud.*

*

***La vie sexuelle de l'hystérique est un paradoxe qui fait souffrir : un corps très érotisé coexiste avec une zone génitale anesthésiée***

« (...) l'énigme contradictoire posée par l'hystérie (...) [est] le couple d'opposés constitué par un besoin sexuel excessif et un rejet exagéré de la sexualité [15]. » *Freud.*

*

« Je tiens sans hésiter pour hystérique toute personne chez laquelle une occasion d'excitation sexuelle provoque (...) le dégoût, que cette personne présente ou non des symptômes somatiques [16]. » *Freud.*

*

***Qu'est-ce que le dégoût ? C'est un refus brutal de la sexualité génitale, opéré non pas au niveau génital (vaginisme, etc.), mais au niveau digestif. La bouche devient un sexe qui vomit, et le partenaire sexuel se réduit à un objet repoussant***

« C'est dans la fonction où l'objet sexuel file vers la pente de la réalité, et se présente comme un paquet de viande, que surgit cette forme de désexualisation si manifeste qu'elle s'appelle chez l'hystérique réaction de dégoût. »

« Je n'ai pas pris au hasard la fonction du dégoût. Il y a vraiment deux grands versants du désir tel qu'il peut surgir dans la chute de la sexualisation — d'une part, le dégoût engendré par la réduction du partenaire sexuel à une fonction de réalité quelle qu'elle soit, d'autre part, ce que j'ai appelé à propos de la fonction scopique, l'*invidia*, l'envie. L'envie est autre chose que la pulsion scopique, et le dégoût autre chose que la pulsion orale [17]. » *Lacan.*

*

***Pour Lacan, le désir de l'hystérique est avant tout un désir d'insatisfaction. Voici une confirmation de Freud***

« Ce à quoi [les hystériques] aspirent le plus ardemment dans leurs rêveries, ils le fuient dès que la réalité le leur offre, et c'est quand aucune réalisation n'est plus à craindre qu'ils s'adonnent le plus volontiers à leurs fantasmes [18]. » *Freud.*

*

***L'hystérique adopte, avec une aisance étonnante, aussi bien le rôle de l'homme que celui de la femme, mais surtout, le rôle du troisième personnage par qui le conflit arrive. Il met en jeu des drames, s'immisce dans des conflits, et puis une fois le rideau tombé, il s'aperçoit avec la douleur de la solitude que tout n'était qu'un jeu dont il est la part exclue***

« L'identification est un facteur très important dans le mécanisme de l'hystérie. C'est grâce à ce moyen que les malades peuvent exprimer par leurs manifestations morbides les états intérieurs d'un grand nombre de personnes et non pas seulement les leurs, ils peuvent souffrir en quelque sorte pour une foule de gens et jouer à eux seuls tous les rôles d'un drame [19]. » *Freud.*

*

***Jacques Lacan a su résumer en une phrase, difficile mais remarquable, la puissance de l'hystérique pour étendre vers le dehors, bien au-delà des limites de notre corps réel, la présence intense du corps libidinal. La libido est ici un organe qui, à la manière d'un bras souple et extensible, porte très loin ce corps libidinal que Lacan appelle « l'être de l'organisme »***

« La libido est cette lamelle qui glisse l'être de l'organisme à sa véritable limite, qui va plus loin que celle du corps. Cette lamelle est organe d'être instrument de l'organisme ; elle est parfois comme flexible quand l'hystérique joue à en éprouver à l'extrême l'élasticité [20]. » *Lacan.*

*

***La femme hystérique ignore ce qu'est le sexe féminin, et pour le savoir, elle passe par l'intermédiaire du père, porteur du pénis. L'hystérique s'installe dans le désir du père, pour savoir depuis cette place ce qu'une femme a de désirable ; et pour chercher à ressentir la même sensation qu'éprouve son père de posséder un pénis. Elle croit ainsi arriver à symboliser peut-être l'organe sexuel féminin***

« Quand Dora se trouve s'interroger sur *qu'est-ce qu'une femme ?*, elle tente de symboliser l'organe féminin comme tel. Son identification à l'homme, porteur de pénis, lui est en cette occasion un moyen d'approcher cette définition qui lui échappe. Le pénis lui sert littéralement d'instrument imaginaire pour appréhender ce qu'elle n'arrive pas à symboliser [21]. » *Lacan.*

*

« (...) *Qu'est-ce qu'être une femme*, et spécifiquement, *qu'est-ce qu'un organe féminin ?* Remarquez que nous nous trouvons là devant quelque chose de singulier — la femme [hystérique] s'interroge sur ce que c'est qu'être une femme, de même que le sujet [hystérique] mâle s'interroge sur ce que c'est qu'être une femme [22]. » *Lacan.*

*

« (...) le désir de l'hystérique (...) c'est de soutenir le désir du père (...) [23]. » *Lacan.*

***

*Références des extraits cités*

1. « Le mécanisme psychique de phénomènes hystériques », in *Études sur l'hystérie*, P.U.F., 1981, p. 4.

2. « L'étiologie de l'hystérie », in *Névrose, psychose et perversion*, P.U.F., 1978, p. 95.
3. *Ibid.*, p. 102.
4. *Ibid.*, p. 104.
5. « Les psychonévroses de défense », in *Névrose, psychose et perversion, op. cit.*, p. 4.
6. *État mental des hystériques*, vol. I, Rueff et Cie, 1894, p. 111.
7. « Paralysies motrices organiques et hystériques », in *Résultats, idées, problèmes*, I, P.U.F., 1984, p. 55.
8. *Le Séminaire*, livre III, *Les Psychoses* (texte établi par Jacques-Alain Miller), Jacques Lacan, coll. Le « champ freudien » (c) Seuil, 1981, p. 201.
9. *Introduction à la psychanalyse*, Payot, 1988, p. 288.
10. *Ibid.*, p. 288.
11. « Mes vues sur le rôle de la sexualité dans l'étiologie des névroses », in *Résultats, idées, problèmes*, I, *op. cit.*, p. 120.
12. *Cinq Psychanalyses*, P.U.F., 1981, p. 28.
13. « Mes vues sur le rôle de la sexualité dans l'étiologie des névroses », in *Résultats, idées, problèmes*, I, *op. cit.*, p. 117.
14. « Les fantasmes hystériques et leur relation à la bisexualité », in *Névrose, psychose et perversion, op. cit.*, p. 151.
15. *Trois Essais sur la théorie sexuelle*, S. Freud, trad. par Philippe Koeppel, (c) Gallimard, 1987, p. 78-79.
16. *Cinq Psychanalyses, op. cit.*, p. 18.
17. *Le Séminaire*, livre XI, *Les Quatre Concepts fondamentaux de la psychanalyse* (texte établi par Jacques-Alain Miller), Jacques Lacan, coll. « Le champ freudien » (c) Seuil, 1973, p. 157.
18. *Cinq Psychanalyses, op. cit.*, p. 83.
19. *L'Interprétation des rêves*, P.U.F., 1967, p. 136.
20. *Écrits*, Seuil, 1966, p. 848.
21. *Le Séminaire*, livre III, *op. cit.*, p. 200.
22. *Ibid.*, p. 193.
23. *Le Séminaire*, livre XI, *op. cit.*, p. 38.

# Choix bibliographique sur l'Hystérie *

FREUD, S.

1892 « Le mécanisme psychique de phénomènes hystériques », in *Études sur l'hystérie*, P.U.F., 1981, p. 4.

1893 « Quelques considérations pour une étude comparative des paralysies motrices organiques et hystériques », in *Résultats, idées, problèmes*, I, P.U.F., 1984, p. 55.

1894 « Les psychonévroses de défense », in *Névrose, psychose et perversion*, P.U.F., 1978, p. 4-5, 9-10.

1895 « Manuscrit H », in *La Naissance de la psychanalyse*, P.U.F., 1979, p. 101-102.

1896 « L'étiologie de l'hystérie », in *Névrose, psychose et perversion, op. cit.*, p. 85-86, 88-89, 91, 102-105, 107-109.

« Lettre n° 52 du 6-12-1896 », in *La Naissance de la psychanalyse*, *op. cit.*, p. 159.

1897 « Lettre n° 55 du 11-1-1897 », *ibid.*, p. 165.

« Lettre n° 57 du 21-1-1897 », *ibid.*, p. 167.

1899 *L'Interprétation des rêves*, P.U.F., 1980, p. 136, 231, 560-562.

1904 *Cinq Leçons sur la psychanalyse*, Payot, 1989, p. 16, 18, 24.

1905 « Fragment d'une analyse d'hystérie (Dora) », in *Cinq Psychanalyses*, P.U.F., 1981, p. 18, 28-29, 83.

*Trois Essais sur la théorie sexuelle*, Gallimard, 1987, p. 60, 77-80.

« Mes vues sur le rôle de la sexualité dans l'étiologie des névroses », in *Résultats, idées, problèmes*, I, *op. cit.*, p. 115, 117, 119-120.

1907 « Lettre du 5 juillet 1907 à K. Abraham », in *Correspondance*, Sigmund Freud et Karl Abraham, Gallimard, 1969, p. 10.

1908 « Les fantasmes hystériques et leur relation à la bisexualité », in *Névrose, psychose et perversion*, *op. cit.*, p. 149-155.

1909 « Considérations générales sur l'attaque hystérique », *ibid.*, p. 162-165.

1910 « La psychologie de la vie amoureuse », in *La Vie sexuelle*, P.U.F., 1970, p. 78-79.

1913 *Totem et Tabou*, Payot, 1973, p. 121-123.

« La disposition à la névrose obsessionnelle. Une contribution au problème du choix de la névrose », in *Névrose, psychose et perversion, op. cit.*, p. 197.

1915 « Le refoulement », in *Métapsychologie*, Gallimard, 1940, p. 60-61.

1917 *Introduction à la psychanalyse*, Payot, 1989, p. 240, 288, 323.

1918 « La psychologie de la vie amoureuse », in *La Vie sexuelle, op. cit.*, p. 75-79.

1926 *Inhibition, symptôme et angoisse*, P.U.F., 1951, p. 45, 86-87, 99-101.

LACAN, J.

« Quelques réflexions sur l'Égo », in *International Journal of Psychoanalysis*, 1953, vol. 34, p. 11-17.

« Actes du congrès de Rome », in *La Psychanalyse*, 1, P.U.F., 1956, p. 210.

*Le Séminaire*, livre I, *Les Écrits techniques de Freud*, Seuil, 1975, p. 208.

*Le Séminaire*, livre III, *Les Psychoses*, p. 193, 195-205, Seuil, 1981.

*La Relation d'objet* (séminaire inédit), leçons des 9, 16 et 23 janvier 1957.

*Les Formations de l'inconscient* (séminaire inédit), leçons des 7, 14 et 21 mai, 11 et 18 juin 1958.

*Le Désir et son interprétation* (séminaire inédit), leçon du 10 juin 1959.

*Le Transfert* (séminaire inédit), leçons des 12 et 19 avril, 21 juin 1961.

*L'Identification* (séminaire inédit), leçons des 20 décembre 1961, 14 et 23 mars, 4 avril et 20 juin 1962.

*L'Angoisse* (séminaire inédit), leçons des 5 et 19 décembre 1962, 9 janvier 1963.

*Le Séminaire*, livre XI, *Les Quatre Concepts fondamentaux de la psychanalyse*, Seuil, 1973, p. 16-17, 35, 37-38, 157.

*Problèmes cruciaux pour la psychanalyse* (séminaire inédit), leçons des 5 mai et 16 juin 1965.

*L'Objet de la psychanalyse* (séminaire inédit), leçon du 27 avril 1966.

*Écrits*, Seuil, 1966, p. 108, 303, 452, 682, 731, 824, 848.

*L'Envers de la psychanalyse* (séminaire inédit), leçons des 3 et 17 décembre 1969, 14 janvier, 11 et 18 février, 17 mars et 11 juin 1970.

*Scilicet*, 2/3, Seuil, 1970, p. 88-90, 97, 396.

*D'un discours qui ne serait pas du semblant* (séminaire inédit), leçon du 19 mai 1971.

*Jacques Lacan à Louvain* (conférence inédite), 13 octobre 1972.

*Télévision*, Seuil, 1973, p. 36.

*Scilicet*, 5, Seuil, 1975, p. 15.

*Freud à jamais* (interview inédite), 1974.

« Joyce le Symptôme », in *Joyce et Paris*, Éditions du C.N.R.S., 1979, p. 16.

« Propos sur l'hystérie », conférence donnée à Bruxelles le 26 février 1977, publiée in *Quarto*, n° 2, 1981.

*

* *

ABRAHAM, K., *Œuvres complètes*, II, Payot, 1966, p. 298-313.

BENOIT, P., « Le saut du psychique au somatique », in *Psychiatrie française*, n° 5/85.

BONNET, G., « Hystérie et perversion », in *Voir-être vu*, P.U.F., 1981, I, p. 108-109.

« Hystérie et exhibitionnisme pervers », in *op. cit.*, II, p. 45-49.

BRENMAN, E., « Hysteria », in *Int. Journ. Psycho-Anal.*, 1985, 66, p. 423.

BRUN, D., *La Maternité et le féminin*, Denoël, 1990, p. 128-135 (hystérie et séduction).

CARTELS CONSTITUANTS de l'Analyse Freudienne, 1, 1985, « Au lieu de l'hystérie ». Journée d'étude.

CHARCOT, J.-M., « Grande hystérie ou hystéro-épilepsie », in *Leçons du Mardi*, 1887-1888, p. 119-122.

« Hystérie et neurasthénie chez l'homme », in *op. cit.*, p. 62-65.

« A propos de l'hystéro-épilepsie », *Œuvres complètes*, t. I, p. 367 *sq.* et t. III, p. 451.

CHEMAMA, R., « A propos du discours de l'hystérique », in *Lettres de l'École freudienne de Paris*, 21, 1977, p. 311-326.

DELEUZE, G., *Francis Bacon. Logique de la sensation*, Éd. de la Différence, 1981.

DENIKER, P., et LOO, H., « Les formes modernes de l'hystérie », in *Revue du praticien*, juin 1978, p. 2503 *sq.*

DOLTO, F., « Hystérie et psychosomatique », in *L'Image inconsciente du corps*, Seuil, p. 352-366.

DOR, J., « Fonction paternelle et structure hystérique », in *Le Père et sa fonction en psychanalyse*, Point Hors Ligne, 1989, p. 79-105.

FAIRBAIRN, R., « Observations on the Nature of Hysterical States », in *Brit. Journ. of. Med. Psychol.*, n° 27, 1954, p. 105-125.

FALADÉ, S., « Repères structurels des névroses, psychoses et perversions », in *Esquisses Psychanalytiques*, n° 7, 1987, p. 29-51.

FENICHEL, O., *La Théorie psychanalytique des névroses*, P.U.F., 1953.

FREYMANN, J.-R., « L'a-structure anorexique », in *Apertura*, vol. II, 1988, p. 63-75.

GREEN, A., « Névrose obsessionnelle et hystérie. Leur relation chez Freud et depuis », in *Revue française de Psychanalyse*, 5-6, 1964, p. 678 *sq.*

HARARI, R., *Fantasma : ¿ fin del análisis ?*, Buenos Aires, Nueva Visión, 1990.

ISRAEL, L., *L'Hystérique, le sexe et le médecin*, Masson, 1976.

JANET, P., « Un cas d'hémianopsie hystérique », in *Archives de Neurologie*, n° 99, 1895, p. 337 *sq.*

*État mental des hystériques*, Rueff et Cie, 1894, I, p. 260 ; II, p. 12-13.

LAPLANCHE, J., « Panel on "Hysteria today" », in *Int. Journ. of Psycho-Anal.*, 1974, 55, p. 459-468.

LOEWENSTEIN, R., et PARCHEMINEY, G., « La conception psychanalytique de l'hystérie », in *L'Encéphale*, 1933, p. 312-330.

MALDAVSKY, D., « Metapsicologia de la histeria de conversion », in *Revista de Psicoanalisis*, t. XLIV, 3, 1987.

MILLOT, C., *Nobodaddy, l'hystérie dans le siècle*, Point Hors Ligne, 1988.

MOEBIUS P.-J., « Über den Begriff der Hysterie », in *Centralblatt für Nerveheilkunde*, von D. Erlenmayer, XI, 1888, n° 3.

NASIO, J., *Tratado de Gastroenterología*, t. III, Barcelona, Salvat, 1963.

NASIO, J.-D., *Les Yeux de Laure. Le concept d'objet* a *dans la théorie de J. Lacan*, Aubier, 1987, p. 11-12, 100-106.

PERRIER, F., « Structure hystérique et dialogue analytique », in *La Chaussée d'Antin*, t. II, 10/18, 1978, p. 74-78.

POMMIER, G., « Le fantasme dans la névrose obsessionnelle et dans l'hystérie », in *Le Dénouement d'une analyse*, Point Hors Ligne, 1987, p. 121-144.

REVISTA DE PSICOANALISIS, t. XLIII, 5, 1986, « Acerca de la histeria ». Numéro consacré à l'hystérie.

REVUE FRANÇAISE DE PSYCHANALYSE, 1, 1985, « De la névrose d'angoisse à l'hystérie ». Numéro consacré à l'hystérie.

ROSOLATO, G., « L'hystérie. Structures psychanalytiques », in *L'Évolution psychiatrique*, t. XXVII, 1962, p. 225-258.

« Introduction à l'étude de l'hystérie », in *Encyclopédie médico-chirurgicale*, 10, 1962, p. 1-6.

« L'hystérie : névrose d'inconnu », in *Topique*, 1988, n° 41, p. 19-47.

THIS, B., *Le Père, acte de naissance*, Seuil, 1984.

THOMAS, M.-Cl., « Anatomie de l'hystérique », in *Le Discours psychanalytique*, 1, 1981, p. 9-10.

WIDLOCHER, D., « Condensation et régression dans l'attaque d'hystérie », in *Revue française de Psychanalyse*, 3, 1973, p. 439-450.

« Le mécanisme de la conversion », in *Revue du praticien*, 1982-32 ; 13, p. 897-906.

WINTER, J.-P., « L'hystérie masculine », I et II, in *Carnet de Psychanalyse de Louvain*, n° 4 et n° 5, Presses Universitaires de Louvain, 1983.

WISDOM, J.-O., « A Methodological Approach to the Problem of Hysteria », in *Int. Journ. of Psycho-Anal.*, 12, 1961, p. 224-237.

# NOTES

1. J. LACAN, « Propos sur l'hystérie », conférence donnée à Bruxelles en 1977, publiée in *Quarto*, n° 2, 1981.

2. P. BENOIT, « Le saut du psychique au somatique », in *Psychiatrie française*, 5, 85, p. 13-25.

3. S. FREUD, *Cinq psychanalyses*, P.U.F., 1981, p. 18.

4. S. FREUD, *Trois Essais sur la théorie sexuelle*, Gallimard, 1987, p. 60.

5. Le concept d'ouverture a largement été développé par X. AUDOUARD, *La Non-Psychanalyse ou l'ouverture*, L'Étincelle, 1984.

6. Pour trouver une formulation plus développée du fantasme féminin de castration, on peut se reporter à J.-D. NASIO, *Enseignement de 7 concepts cruciaux de la psychanalyse*, Rivages, 1988, p. 23-51.

7. *Théorie et pratique de la psychanalyse*, Payot, 1969, p. 399-405, 410, 426-427, 443, 446-448, 450-451.

8. Certes, la fille investirait ses organes *internes* de la même manière que le garçon investit son organe pénien *externe*. Mais il reste la question intéressante de savoir quelle différence il y a entre l'un et l'autre dans la manière de percevoir, et par conséquent d'investir ses propres organes. Comme si la fille possédait une perception plus aiguë des sensations internes (perception proprioceptive) que le garçon ; et peut-être à l'inverse, comme si le garçon était plus sensible que la fille dans la perception des formes extérieures.

9. Le lecteur qui voudrait approfondir le rapport topologique entre le dedans et le dehors peut consulter J.-D. NASIO, *Les Yeux de Laure. Le concept d'objet* a *dans la théorie de J. Lacan*, Aubier, 1987, p. 197-202.

10. Sur le problème de la phobie, le lecteur pourra consulter le travail de Chantal MAILLET, riche en propositions cliniques, consacré à la phobie : « Phobies », in *Patio*, 10, 1988, Éd. de l'Éclat.

11. J.-D. NASIO, « L'inconscient, le transfert et l'interprétation du psychanalyste : une vue lacanienne », in *Psychanalyse à l'Université*, 1985, t. 10, n° 37, p. 87-96.

12. Sur le problème de la fin de l'analyse, le lecteur peut se reporter à l'excellent recueil des interventions du colloque tenu en mai 1987, à la Sorbonne, *Fin d'une analyse, finalité de la psychanalyse*, Mouvement du Coût Freudien, Solin, 1988.

13. J.-D. NASIO, *Leçons sur la technique psychanalytique* (séminaire inédit), 1989 ; *La Guérison* (séminaire inédit), 1990.

14. J. LACAN, *Le Transfert* (séminaire inédit), leçon du 19 avril 1961.

15. Cf. les positions théoriques d'Éric Brenman et Herbert Rosenfeld dans J. LAPLANCHE, « Panel on "Hysteria today" », *Int. Journ. of Psycho-Anal.*, 1974, 55, p. 459-468.

16. Cette chose sexuellement désirable que devient M^me^ K. est appelée *phallus* par la psychanalyse. Si nous reprenons la théorie lacanienne, l'expression complète serait « phallus imaginaire » ; imaginaire parce que cette chose dans laquelle M^me^ K. se résout est le lieu sexuel — région génitale — perçu dans l'image de l'autre. Voici à l'appui une phrase de LACAN : « (...) le phallus, soit l'image du pénis, est négativé à sa place dans l'image spéculaire [de l'autre]. » (*Écrits*, p. 822).

17. Cette réponse est extraite d'une interview avec N.-E. Thévenin, publiée in *Futur antérieur*, n° 2, 1990.

18. « Le trouble psychogène de la vision dans la conception psychanalytique », in *Névrose, psychose et perversion*, P.U.F., 1978, p. 167-173.

19. J.-D. NASIO, *Le Regard en psychanalyse*, I et II (séminaire inédit), 1986 et 1987.

# INDEX DES NOMS CITÉS

# TABLE

---

**La vie sexuelle de l'hystérique**

## Les fantasmes hystériques

---

## Portraits imaginaires de l'hystérique



---

## Le traitement psychanalytique de l'hystérie et la fin de l'analyse

---

**Ponctuations**

60F

**Petite Bibliothèque Payot**

**Guy Achard,** La communication à Rome/**211**
**Alfred Adler,** Connaissance de l'homme/**26**
**Alfred Adler,** Le sens de la vie/**47**
**Alfred Adler,** Le tempérament nerveux/**84**
**Alfred Adler,** L'enfant difficile/**122**
**Ernest Aeppli,** Les rêves et leur interprétation/**64**
**Alexandrian,** Histoire de la philosophie occulte/**205**
**Alexandrian,** Histoire de la littérature érotique/**230**
**Jacques André,** Être médecin à Rome/**256**
**Gérard Apfeldorfer,** Je mange, donc je suis/**140**
**Jean-Paul Aron,** Le mangeur du XIX^e^ siècle/**8**
**Paul-Laurent Assoun,** Freud et la femme/**219**
**Piera Aulagnier,** Un interprète en quête de sens/**43**
**Pierre Avril,** Essais sur les partis politiques/**41**
**Michael Balint,** Le défaut fondamental/**44**
**Blandine Barret-Kriegel,** L'État et les esclaves/**4**
**Charles Baudouin,** L'œuvre de Jung/**133**
**Walter Benjamin,** Charles Baudelaire/**39**
**Eric Berne,** Analyse transactionnelle et psychothérapie/**37**
**Ernst Bloch,** La philosophie de la Renaissance/**201**
**Philippe Boulu,** La dynamique du cerveau/**124**
**François Boureau,** Contrôlez votre douleur/**60**
**Jean Bourguignon/Charles Houin,** Vie d'Arthur Rimbaud/**172**
**Régis Boyer,** La saga de saint Óláf/**77**
**T. Berry Brazelton,** Écoutez votre enfant/**74**
**T. Berry Brazelton,** L'enfant et son médecin/**139**
**Jacques Brosse,** Mythologie des arbres/**161**
**François Burgat,** L'islamisme au Maghreb/**241**
**Louis-Jean Calvet,** Georges Brassens/**129**
**Bernard Cathelat,** Publicité et société/**83**
**Léonce Chaleil,** Récits de mon village/**192**
**Jean-Pierre Chartier,** Introduction à la pensée freudienne/**162**
**Jean-Pierre Chartier,** Les parents martyrs/**163**
**Roger Chartier,** Pratiques de la lecture/**167**
**Malek Chebel,** L'esprit de sérail/**265**
**Léon Chertok,** L'hypnose/**10**
**Louis Chevalier,** Juanito/**213**
**Victor Chklovski,** Le voyage de Marco Polo/**127**
**Noam Chomsky,** Le langage et la pensée/**31**

**A. Cohen,** Le Talmud/**65**

**Peter Collier/David Horowitz,** Les Kennedy/**101**

Commission « Efficacité de l'État » du X$^{e}$ Plan présidée par
**François de Closets,** Le pari de la responsabilité/**21**

**Edward Conze,** Le bouddhisme/**223**

**Egon C. Corti,** Élisabeth d'Autriche/**125**

**Jean-Jacques Courtine/Claudine Haroche,** Histoire du visage/**185**

**Maurice Croiset,** La civilisation de la Grèce antique/**206**

**Liza C. Dalby,** Geisha/**106**

**Christian David,** L'état amoureux/**36**

**Hélène Deutsch,** Problèmes de l'adolescence/**67**

**Paul Diel,** Le symbolisme dans la mythologie grecque/**7**

**Paul Diel,** Éducation et rééducation/**19**

**Paul Diel,** Le symbolisme dans la Bible/**20**

**Paul Diel,** Psychologie de la motivation/**66**

**Paul Diel,** La divinité/**71**

**Paul Diel,** La peur et l'angoisse/**78**

**Paul Diel/Jeanine Solotareff,** Le symbolisme dans l'Évangile de Jean/**200**

**Françoise Dolto/J. D. Nasio,** L'enfant du miroir/**110**

**Albert Einstein,** La relativité/**25**

**Frank Elgar,** Cézanne/**253**

**Christine Fauré,** Les déclarations des droits de l'homme de 1789/**81**

**Sandor Ferenczi,** Thalassa/**112**

**Marc Ferro,** Nicolas II/**62**

**Marc Ferro,** Comment on raconte l'histoire aux enfants/**82**

**Moses I. Finley,** Démocratie antique et démocratie moderne/**35**

**James G. Frazer,** Mythes sur l'origine du feu/**48**

**Sigmund Freud**
Cinq leçons sur la psychanalyse, *suivi de* Contribution à l'histoire
du mouvement psychanalytique/**1**

**Sigmund Freud,** Totem et tabou/**9**

**Sigmund Freud,** Psychopathologie de la vie quotidienne/**11**

**Sigmund Freud,** Essais de psychanalyse/**15**

**Sigmund Freud,** Introduction à la psychanalyse/**16**

**Sigmund Freud / William C. Bullitt**
Le Président T. W. Wilson. Portrait psychologique/**27**

**Erich Fromm,** Le langage oublié/**17**

**Erich Fromm,** Le cœur de l'homme/**68**

**John Kenneth Galbraith,** La crise économique de 1929/**3**

**Philipe Gillet,** Le goût et les mots/**144**

**Albert Grenier,** Les Gaulois/**202**

**Pierre Grimal,** L'amour à Rome/**231**

**Mirko D. Grmek,** Claude Bernard/**69**

**Mirko D. Grmek,** Histoire du sida/**236**

**Béla Grumberger,** Le narcissisme/**160**

**Jean Guiloineau,** Nelson Mandela/**190**

**Christian-J. Guyonvarc'h/Françoise Le Roux,** La civilisation celtique/**254**

**Michael J. Harner,** Les Jivaros/**264**

**Jean Hatzfeld,** Histoire de la Grèce ancienne/**226**

**Heinrich H. Houben,** Christophe Colomb/**93**

**Johan Huizinga,** L'automne du Moyen Âge/**6**

**Karl Jaspers,** Introduction à la méthode philosophique/**174**

**Alain Joxe,** L'Amérique mercenaire/**232**

**Odette Joyeux,** Le troisième œil. La vie de Nicéphore Niepce/**165**

**Carl Gustav Jung/Charles Kérényi**
Introduction à l'essence de la mythologie/**168**

**Ernst Jünger,** Le boqueteau 125/**240**

**Helen A. Keller,** Sourde, muette, aveugle/**59**

**Paul Kennedy,** Naissance et déclin des grandes puissances/**63**

**John Maynard Keynes,** Essais sur la monnaie et l'économie/**24**

**A. Kirkpatrick,** Les conquistadores espagnols/**92**

**Mélanie Klein/Joan Riviere,** L'amour et la haine/**18**

**Étienne de La Boétie,** Le discours de la servitude volontaire/**134**

**Élisabeth Labrousse,** La révocation de l'Édit de Nantes/**34**

**Étienne Lamazou,** L'ours et les brebis/**250**

**François Laplantine,** L'anthropologie/**227**

**Jean-Philippe Lauer,** Saqqarah/**107**

**T. E. Lawrence,** Les sept piliers de la sagesse/**99**

**Michel Le Bris,** L'homme aux semelles de vent/**95**

**Michel Le Bris**
Henry James-Robert L. Stevenson : une amitié littéraire/**177**

**Michel Le Bris,** Dans le coffre de l'homme mort/**187**

**Michel H. Ledoux,** Introduction à l'œuvre de Françoise Dolto/**262**

**Jean-G. Lemaire,** La relaxation/**45**

Sous la direction de **Bernard Lewis,** L'islam/**207**

**Anna Lietti,** Pour une éducation bilingue/**179**

**Konrad Lorenz,** Évolution et modification du comportement/**33**

**Robert Lowie,** Histoire de l'ethnologie classique/**49**

**Margaret Mahler,** Psychose infantile/**30**

**Bronislaw Malinowski**
La sexualité et sa répression dans les sociétés primitives/**28**

**Jean Markale,** La femme celte/**108**

**Predrag Matvejevitch,** Bréviaire méditerranéen/**251**
**Marcel Mauss,** Manuel d'ethnographie/**13**
**Gérard Mendel,** Pour décoloniser l'enfant/**5**
**Jack Messy,** La personne âgée n'existe pas/**180**
**Jacques Meunier,** Le monocle de Joseph Conrad/**150**
**A. de Mijolla/S. A. Shentoub,** Pour une psychanalyse de l'alcoolisme/**40**
**Pierre Milza,** Voyage en Ritalie/**224**
**Marie Moscovici,** Il est arrivé quelque chose/**46**
**J. D. Nasio,** Enseignement de 7 concepts cruciaux de la psychanalyse/**111**
**J. D. Nasio,** Cinq leçons sur la théorie de Jacques Lacan/**203**
**J. D. Nasio,** L'hystérie/**263**
**André Neher,** L'identité juive/**198**
**Willy Pasini,** La qualité des sentiments/**243**
**Danielle Porte,** Le prêtre à Rome/**255**
**Jean Poueigh,** Le folklore des pays d'oc/**212**
**Paul C. Racamier,** Les schizophrènes/**32**
**Otto Rank,** Le traumatisme de la naissance/**22**
**Otto Rank,** Don Juan, *suivi de* Le double/**23**
**Wilhelm Reich,** Écoute, petit homme !/**29**
**Claude Revault d'Allonnes,** Être, faire, avoir un enfant/**182**
**Emmanuel Ringelblum,** Chronique du ghetto de Varsovie/**246**
**François Rivenc,** Introduction à la logique/**14**
**Jean-Noël Robert,** Les plaisirs à Rome/**197**
**Marthe Robert,** La révolution psychanalytique. La vie et l'œuvre de Freud/**2**
**Jean Ropars,** Au pays d'Yvonne/**138**
**Jean Ropars,** L'amour de la terre/**233**
**Marie Rouanet,** Les enfants du bagne/**214**
**Catherine Salles,** Lire à Rome/**196**
**Catherine Salles,** Les bas-fonds de l'Antiquité/**220**
**Pierre Sansot,** Cahiers d'enfrance/**191**
**Pierre Sansot,** Jardins publics/**257**
**Pierre Sansot,** La France sensible/**258**
**Gershom G. Scholem,** La Kabbale et sa symbolique/**12**
**Albert Schweitzer,** Les grands penseurs de l'Inde/**38**
**Marcel Scipion,** L'homme qui courait après les fleurs/**249**
**Idries Shah,** La magie orientale/**204**
**Marc Sherringham,** Introduction à la philosophie esthétique/**123**
**Jeanine Solotareff,** Le symbolisme dans les rêves/**199**
**Jérôme Spycket,** Clara Haskil/**76**
**Constantin Stanislavski,** La formation de l'acteur/**42**

**Robert Louis Stevenson,** Essais sur l'art de la fiction/**98**

**Lytton Strachey,** La reine Victoria/**126**

**Rabindranath Tagore,** La maison et le monde/**61**

**Wou Tch'eng-en,** Le singe pèlerin/**109**

**René Thévenin/Paul Coze**
Mœurs et histoire des Indiens d'Amérique du Nord/**94**

**Jean-Didier Urbain,** L'idiot du voyage/**166**

**Alan W. Watts,** Le bouddhisme zen/**70**

**Arthur Weigall,** Alexandre le Grand/**149**

**Donald W. Winnicott,** L'enfant et sa famille/**50**

**Donald W. Winnicott,** Fragment d'une analyse, /**113**

**Marina Yaguello,** Les mots et les femmes/**75**

## Petite Bibliothèque Payot / Classiques

**La vision perspective (1435-1740)**
Textes choisis et présentés par Philippe Hamou/**238**

**Maine de Biran, la vie intérieure**
Textes choisis et présentés par Bruce Bégout/**237**

## Petite Bibliothèque Payot / Voyageurs

**Edward Abbey,** Désert solitaire/**228**

**John James Audubon,** Journal du Missouri/**142**

**Nigel Barley,** Un anthropologue en déroute/**176**

**Nigel Barley,** Le retour de l'anthropologue/**267**

**Sybille Bedford,** Visite à Don Otavio/**102**

**Alain Blottière,** L'oasis/**210**

**Jean-Claude Bourlès,** Retours à Conques/**242**

**Nicolas Bouvier,** Chronique japonaise/**53**

**Nicolas Bouvier,** L'usage du monde/**100**

**Nicolas Bouvier,** Journal d'Aran et d'autres lieux/**155**

**Fawn Brodie,** Un diable d'homme (Richard Burton)/**130**

**Bill Bryson,** Motel Blues/**260**

**Frank Bullen,** La croisière du *Cachalot*/**147**

**Richard F. Burton/John Speke,** Aux sources du Nil/**58**

**Robert Byron,** Route d'Oxiane/**137**

**Théodore Canot,** Confessions d'un négrier/**148**

**Jules Crevaux,** Le mendiant de l'Eldorado/**135**

**Jules Crevaux,** En radeau sur l'Orénoque/**193**

**Richard H. Dana,** Deux années sur le gaillard d'avant/**266**

**Daniel Defoe,** Les chemins de fortune/**119**

**Daniel Defoc,** Le grand rêvc flibusticr/**120**

**Paul Del Perugia,** Les derniers rois mages/**154**

**Charles Doughty,** Arabia Deserta/**189**

**Gerald Durrell,** La forêt ivre/**221**

**Patrick Leigh Fermor,** Courrier des Andes/**159**

**Peter Fleming,** Courrier de Tartarie/**79**

**Peter Fleming,** Un aventurier au Brésil/**152**

**Robert Fortune,** La route du thé et des fleurs/**181**

**Louis Garneray,** Corsaire de la République/**56**

**Louis Garneray,** Le négrier de Zanzibar/**80**

**Louis Garneray,** Un corsaire au bagne/**86**

**Robert Graves,** Lawrence et les Arabes/**121**

**Graham Greene,** Routes sans lois/**87**

**William H. Hudson,** Sous le vent de la pampa/**184**

**William H. Hudson,** Un flâneur en Patagonie/**194**

**Isabelle Jarry,** Théodore Monod/**169**

**Mary Kingsley,** Une odyssée africaine/**143**

**Jacques Lacarrière,** Chemin faisant/**97**

**Gilles Lapouge,** Les pirates/**55**

**Laurie Lee,** Un beau matin d'été/**208**

**Barry Lopez,** Le chant de la rivière/**234**

**Ella Maillart,** La voie cruelle/**51**

**Ella Maillart,** Des monts célestes aux sables rouges/**72**

**Ella Maillart,** La vagabonde des mers/**85**

**Ella Maillart,** Oasis interdites/**175**

**Ella Maillart,** Croisières et caravanes/**247**

**Peter Matthiessen,** Deux saisons à l'âge de pierre/**151**

**Jacques Meunier/Anne-Marie Savarin,** Le chant de Silbaco/**104**

**Geoffroy Moorhouse,** Au bout de la peur/**188**

Présenté par **Jean-Pierre Moreau,**
Un flibustier français dans la mer des Caraïbes/**209**

**John Muir,** Voyages en Alaska/**235**

**Eric Newby,** Un petit tour dans l'Hindou Kouch/**90**

**Tomás O'Crohan,** L'homme des îles/**195**

**Redmond O'Hanlon,** Au cœur de Bornéo/**54**

**Redmond O'Hanlon,** Help !/**146**

**Francis Parkman,** La piste de l'Oregon/**153**

**Jean-Pierre Péroncel-Hugoz,** Villes du Sud/**131**

**Jean Rolin,** La ligne de front/**96**

**Jean Rolin,** Journal de Gand aux Aléoutiennes/**244**
**Pierre Savorgnan de Brazza,** Au cœur de l'Afrique/**183**
**Ernest Shackleton,** L'odyssée de l'*Endurance*/**128**
**Robert Louis Stevenson,** La route de Silverado/**57**
**Robert Louis Stevenson,** Dans les mers du Sud/**248**
**Colin Thubron,** Les Russes/**52**
**Colin Thubron,** Derrière la Grande Muraille/**118**
**Edward John Trelawnay,**
Mémoires d'un gentilhomme corsaire/**88**
**Florence Trystram,** Le procès des étoiles/**136**
**Mark Twain,** La vie sur le Mississippi, I/**91**
**Mark Twain,** La vie sur le Mississippi, II/**105**
**Mark Twain,** À la dure I/**170**
**Mark Twain,** À la dure II/**171**
**Mark Twain,** Le voyage des innocents/**259**
**Daniel Vauxelaire,** Les chasseurs d'épices/**222**
**Éric Vibart,** Alain Gerbault/**89**
**Paul-Émile Victor,** L'iglou/**252**
**Michel Vieuchange,** Smara/**141**
**Evelyn Waugh,** Bagages enregistrés/**73**
**Evelyn Waugh,** Hiver africain/**103**
**Jacques Yonnet,** Rue des Maléfices/**245**
**Jan Yoors,** Tsiganes/**229**
**Gavin Young,** C'est encore loin, la Chine ?/**164**

## Petite Bibliothèque Payot / Échecs

**Michel Benoit,** Les échecs en trois jours/**215**
**Max Euwe/Walter Meiden,** Maître contre amateur/**156**
**Max Euwe/Walter Meiden,** L'amateur devient maître/**216**
**Alexandre Koblentz,** L'école des échecs, I/**217**
**Alexandre Kotov,** L'école des échecs, II/**225**
**Bent Larsen,** Mes 50 meilleures parties d'échecs/**116**
**Emanuel Lasker,** Le bon sens aux échecs/**178**
**Aaron Nimzowitsch,** Mon système I/**157**
**Aaron Nimzowitsch,** Mon système II/**158**
**Aaron Nimzowitsch,** Pratique de mon système/**261**
**Ludek Pachman,** Les ouvertures/**173**
**Michael Stean,** Les échecs simples/**114**
**Siegbert Tarrasch,** Traité pratique du jeu d'échecs/**117**
**Xavier Tartacover,** Tartacover vous parle/**115**

Reproduit et achevé d'imprimer en octobre 1995
dans les ateliers de Normandie Roto Impression s.a.
61250 Lonrai
Dépôt légal : octobre 1995
N° d'imprimeur : I5-1365

*Imprimé en France*